MEU CLIENTE SUBIU NO TELHADO... E AGORA?

Estratégias de atendimento ao cliente em diferentes segmentos

© LITERARE BOOKS INTERNATIONAL LTDA, 2020.

Todos os direitos desta edição são reservados à Literare Books International Ltda.

PRESIDENTE
Mauricio Sita

VICE-PRESIDENTE
Alessandra Ksenhuck

DIRETORA EXECUTIVA
Julyana Rosa

DIRETORA DE PROJETOS
Gleide Santos

RELACIONAMENTO COM O CLIENTE
Claudia Pires

DIRETOR DE MARKETING E DESENVOLVIMENTO DE NEGÓCIOS
Horacio Corral

EDITOR
Enrico Giglio de Oliveira

CAPA
Gabriel Uchima

REVISOR
Bruno Prisco

DESIGNER EDITORIAL
Victor Prado

IMPRESSÃO
Impressul

Dados Internacionais de Catalogação na Publicação (CIP)
(eDOC BRASIL, Belo Horizonte/MG)

M597   Meu cliente subiu no telhado… e agora? Estratégias de atendimento
        ao cliente em diferentes segmentos / Coordenadoras Walkiria
        Almeida e Cláudia Avelino. – São Paulo, SP: Literare Books
        International, 2021.
        264 p. : 14 x 21 cm

        Inclui bibliografia
        ISBN 978-85-9455-301-0

        1. Empreendedorismo. 2. Relacionamento com o cliente.
        I.Almeida, Walkiria. II. Avelino, Cláudia.

                                                        CDD 658.4

Elaborado por Maurício Amormino Júnior – CRB6/2422

LITERARE BOOKS INTERNATIONAL LTDA.
Rua Antônio Augusto Covello, 472
Vila Mariana — São Paulo, SP. CEP 01550-060
+55 11 2659-0968 | www.literarebooks.com.br
contato@literarebooks.com.br

Coordenação editorial
Walkíria Almeida & Cláudia Avelino

MEU CLIENTE SUBIU NO TELHADO... E AGORA?

Estratégias de atendimento ao cliente em diferentes segmentos

Literare Books
INTERNATIONAL
BRASIL · EUROPA · USA · JAPÃO

SUMÁRIO

9   PREFÁCIO
      Bete D'Elia

11   INTRODUÇÃO
      Walkiria Almeida e Cláudia Avelino

      ATENDIMENTO POR SEGMENTO

15   SEGMENTO SAÚDE: COMO PROFISSIONALIZAR E HUMANIZAR
      O ATENDIMENTO
      Jessyca Araujo

25   ATENDIMENTO JURÍDICO AO CLIENTE EXTERNO
      Luciana Mara Vendramel Correa

33   ATENDIMENTO NA EDUCAÇÃO: ESCOLAS E FACULDADES
      Geneci Augusta do Nascimento Pereira

41   ATENDIMENTO COMO UM DIFERENCIAL COMPETITIVO NO SEGMENTO
      DO COMÉRCIO
      Walkiria Almeida

49   ATENDIMENTO AO CLIENTE EM EMPRESAS CONTÁBEIS
      Andreia Alves

59   CONSULTORIAS DIVERSAS, INCLUINDO A SECRETARIAL
      Marcela Hosne Ardito

69   ATENDIMENTO AO CLIENTE EM SALÕES DE BELEZA E DE ESTÉTICA
      Simone Fernandes Diorio Rodrigues

77 LIVRO, RELACIONAMENTO E EXPERIÊNCIA: A TRÍADE DAS LIVRARIAS
Taís Fagundes

85 COMO ATENDER ÀS EXPECTATIVAS DO SEU CLIENTE NA ÁREA DA
CONSTRUÇÃO CIVIL
Eneida Dechechi

93 EXCELÊNCIA NO ATENDIMENTO A RESTAURANTES, BARES
E CASAS NOTURNAS
Paola Almeida

101 COMPANHIA AÉREA – TURBULÊNCIAS NO SERVIÇO?
NÃO, MUITO OBRIGADO!
Maria do Carmo Gaspar Penteado de Araujo

109 ATENDIMENTO AO CLIENTE INTERNO: EXPERIÊNCIA DE
TREINAMENTO EM ÓRGÃOS PÚBLICOS DO ESTADO DE SÃO PAULO
Rosemary Neves de Sales Dias

117 ATENDIMENTO ENCANTADOR: EVENTO "REDONDO"
Cláudia Avelino

127 POR UM ATENDIMENTO DE EXCELÊNCIA NO SEGMENTO DE HOTÉIS
Roseli Faleiro

ATENDIMENTO GERAL

139 O ATENDIMENTO NA ERA DIGITAL
Heloiza Helena Ramos

147 O PROFISSIONAL DE SECRETARIADO E O ATENDIMENTO AOS CLIENTES
INTERNO E EXTERNO
Keli Anjos e Mônica Lira

155 ATENDIMENTO PESSOAL: RECEPÇÃO AOS CLIENTES
Ariane Prado Souza

163 ATENDIMENTO TELEFÔNICO COM ÊNFASE NO REMOTO/VIRTUAL
Marcela Hosne Ardito e Paola Almeida

171   COMPETÊNCIAS ESSENCIAIS PARA UM EXCELENTE ATENDIMENTO
Elidia Ribeiro

181   A ARTE DA COMUNICAÇÃO
Márcia Soboslay

189   REGRAS DE OURO NO ATENDIMENTO
Simone Tie Iizuka dos Reis

197   ETIQUETA NO ATENDIMENTO: A ARTE DA ELEGÂNCIA
Adriana Vilhena Monteiro

205   O ATENDIMENTO DIFERENCIADO E OS GANHOS FINANCEIROS
DAS ORGANIZAÇÕES
Cibele Ortega dos Anjos

213   HISTÓRICO DO ATENDIMENTO: QUALIDADE E CÓDIGO DE DEFESA
DO CONSUMIDOR
Carla Panzica

223   PARCERIAS ÍNTEGRAS, PROPULSORAS DE CRESCIMENTO
E SUCESSO PROFISSIONAL
Graziela Prado e Luiz França

231   EQUIPE NOTA 10 NO ATENDIMENTO
Maria Vilma Lima e Regiane Gonçalves Wikianovski

241   *CASE* DE SUCESSO NO ATENDIMENTO
Regina Silveira

249   ASPECTOS DO PROFISSIONAL HÁBIL EM VENDAS
Deise Mendes

259   A DIVERSIDADE NA COMUNICAÇÃO ENTRE COLABORADORES
DA MESMA EMPRESA
Katia Frutuoso de Lima Barbosa

PREFÁCIO

*O presente mais precioso que podemos oferecer
a outra pessoa é nossa atenção.*

Thich Nhat Hanh

Falar do cliente e de sua supremacia em relação ao sucesso de todo negócio nos remete a quatro décadas atrás, quando a Teoria da Qualidade nos ensinou que ele está no primeiro lugar do pódio.

Essas lições continuam unânimes e válidas na atualidade.

Porém, poucas empresas e profissionais descobriram a magia de encantar o consumidor. A maioria está muito aquém, oferecendo ainda um atendimento automático e impessoal.

Ao escrever este prefácio, quero provocar reflexões, porque acredito na nossa capacidade de reverter esse cenário.

Não podemos assistir, passivamente, ao cliente subir no telhado. Essa decisão não é tomada por acaso e de um dia para outro; para chegar nesse ponto, uma infinidade de desencantos já aconteceram.

Este livro atua como um grande alerta e apresenta alternativas possíveis, em todos os segmentos, para que as lições sejam reaprendidas e personalizadas ao ser singular chamado **cliente**. Não há receitas prontas. Há, com certeza, atitudes que funcionam e podem ser compartilhadas.

Cada um de nós pode ser um mentor a partir da própria experiência de encantamento. Eleja, no seu repertório, um atendimento considerado ideal. Relembre o tratamento recebido, que o fez se sentir único e especial.

Qual foi o segredo dessa entrega?

Certamente, recebeu do profissional que o atendeu atenção total. Percebeu seu encantamento pela vida, paixão pela excelência, desejo de solucionar problemas, foco em tornar a experiência agradável e inesquecível.

É esse ser ainda raro que precisamos transformar no protagonista do atendimento.

Este livro ensina o caminho das pedras. Aproveite a chance. Aprenda com ele como encantar seu cliente, deixando-o bem longe do perigoso telhado.

Bete D'Elia
Coach, instrutora de cursos e palestrante

INTRODUÇÃO

A melhor propaganda é feita por clientes satisfeitos!

Philip Kotler

O atendimento ao cliente continua sendo um assunto muito importante para as empresas.

Escrever um livro é sempre um grande desafio para qualquer autor e, quando o assunto é atendimento, torna-se leve e prazeroso.

A ideia inicial deste livro surgiu no momento que estávamos lançando nossa obra anterior (*O futuro do secretariado: educação e profissionalismo*). Ficamos pensando sobre qual assunto deveríamos escrever e, então, a resposta surgiu inesperadamente: "atendimento ao cliente".

Entendemos que esta obra poderá ser útil para todas as empresas, porque os temas dos capítulos foram escolhidos com muito cuidado e profissionalismo e podem ser aplicados a qualquer segmento do mercado.

Harmonizamos alguns temas significativos para a área de atendimento e outros foram pensados para segmentos variados de mercado.

Este livro é composto de 29 capítulos e conta com o talento de 31 autores. Vale ressaltar que convidamos pessoas brilhantes, engajadas e comprometidas para este projeto e esperamos que esta obra seja um guia para profissionais de áreas e empresas distintas.

O nome do livro é bastante sugestivo, *Meu cliente subiu no telhado... E agora?*. Quando pensamos neste tema, imaginamos que, se a empresa não tiver foco no cliente, terá problemas e correrá alguns riscos.

Um cliente satisfeito gera excelentes resultados para uma organização. Conquistar, encantar e fidelizar o cliente não é algo simples e exige empenho por parte de todos.

Este livro é para você aprender mais sobre a arte do atendimento ao cliente e conquistar cada vez mais o seu público! Aprecie a leitura! Encante o seu cliente antes que ele suba no telhado!

Walkiria Almeida e Cláudia Avelino
Coordenadoras

ATENDIMENTO POR SEGMENTO

1

SEGMENTO SAÚDE: COMO PROFISSIONALIZAR E HUMANIZAR O ATENDIMENTO

O objetivo deste capítulo é mostrar, de forma simples e objetiva, como podemos trabalhar com ética e responsabilidade a fim de mudar a cultura de um consultório, uma clínica ou até mesmo de um grande hospital. Criar uma metodologia para aprimorar o atendimento e buscar as competências humanas necessárias para atingir a excelência.

JESSYCA ARAUJO

Jessyca Araujo

Formação técnica em Secretariado. Bacharel em Secretariado Executivo Bilíngue pela Faculdade Sumaré (2011) e pós-graduada em Gestão de Negócios pelo SENAC (2014). Tecnóloga em Gestão Hospitalar pela Uninter (2020). Carreira de 15 anos como secretária executiva. Atualmente, trabalha com assessoria e gestão na área da saúde e como secretária remoto.

Contatos
secretaria.jessyca@gmail.com
LinkedIn: www.linkedin.com/in/jessyca-araujo-71a306157
(84) 9984 79474

Introdução

Pesquisas sobre a história do setor hospitalar apontam dados que remetem a templos e sacerdotes, e posteriormente nos traz informações de locais de saúde semelhantes a albergues, que abrigavam peregrinos, os quais viajavam de um povoado ao outro. Porém, a assistência prestada nesses locais não era suficiente e, com o passar do tempo, a área da saúde passou a exigir ambientes menos hostis. Com a evolução tecnológica e o avanço da medicina, tudo mudou: os gestores se sentiram obrigados a reverem os processos e repensarem sobre as estruturas físicas, e os pacientes ganharam destaque nessa nova forma de gerir as empresas na área da saúde.

A Organização Mundial de Saúde (OMS) e os governos federal, estadual e municipal tiveram de intervir com leis e regulamentações para que o sistema de saúde, que se conhece atualmente a estrutura com pronto-socorro, clínica, unidade básica de saúde, pronto atendimento, casa de repouso etc., funcionasse adequadamente.

Pensar apenas em uma estrutura física funcional, limpa e cumprir todas as exigências da lei não é suficiente para manter uma Instituição atrativa no mercado. Se o objetivo é manter as pessoas atendidas leais à empresa, é preciso agregar a **compreensão humana** aos serviços que serão prestados e construir uma relação sólida, de confiança mútua com os pacientes e seus acompanhantes, criar um espaço de cura e acolhimento.

O século XXI está sendo a era da transformação e observa-se a mudança de comportamento dos consumidores muito acentuada, pois, com a facilidade de buscar as informações literalmente na palma da mão, eles estão cada vez mais exigentes. Além disso, os clientes conhecem os seus direitos e buscam serviços e produtos de alta qualidade.

Estar atenta a essa mudança de comportamento e até mesmo se antecipar às necessidades dos pacientes para satisfazê-los e fidelizá-los demonstrará o quanto a empresa está preocupada com o bem-estar dos seus doentes. De acordo com Marcelo Boeger (2017, p. 39) "quando um cliente procura uma instituição de saúde, deseja ser atendido prontamente, com educação, profissionalismo, cortesia e técnicas corretas. Procura por um diferencial, que respeite sua individualidade e que não o faça se sentir como mais um", e sim como alguém especial.

Um novo cenário

Frente a esse cenário, os gestores inovaram e utilizaram novos métodos de atendimento para esses usuários cada vez mais exigentes. Foi nesse período, há pouco mais de uma década, que surgiu o conceito de hotelaria hospitalar, que é o conjunto de todos os serviços específicos de apoio oferecido aos clientes internos e externos, que visa à promoção do bem-estar, do conforto, da segurança e do atendimento humanizado, aplicado não só aos hospitais, mas a todos os serviços de saúde (clínicas, casas de repouso, asilos, consultórios, laboratórios etc.).

Também conhecida como gerência de hospitalidade, esse novo conceito trouxe às organizações na área da saúde um novo olhar quanto à forma de se estruturar, o que proporcionou novas condições de assistência aos pacientes e familiares. Os clientes internos também foram beneficiados com a adoção dos processos implantados, resultando em uma equipe mais dinâmica, em um fluxo de trabalho descentralizado, no aumento da produtividade, na redução do desperdício de material e na melhora da comunicação entre a equipe.

No processo de atendimento ao cliente, a hotelaria hospitalar veio contribuir com a criação dos Procedimentos Operacionais Padrão (POPs): alteração no ambiente, com aplicação da cromoterapia; criação de área de lazer para os pacientes frequentar, quando possível; permissão de visitas de animais de estimação; alimentação diferenciada; enfim, o paciente é visto como um ser humano único, e não mais como um número de uma empresa. No passado, a pessoa que buscava tratamento médico era tratada como "o paciente do prontuário 107".

Atendimento humanizado

O atendimento humanizado consiste em "ouvir com os olhos do coração". Entender a mensagem dos gestos e saber qual atitude deve ser tomada diante de uma situação difícil ou em momento de conflito. É preciso estar preparado técnica e emocionalmente para prestar a assistência necessária ao paciente e ao seu acompanhante, de forma que os deixe seguros e confortáveis.

A diretoria de uma empresa, quando busca a implantação do atendimento humanizado, quer proporcionar aos clientes internos um atendimento padronizado e seguro, pois os usuários, que geralmente encontram-se em momentos sensíveis, precisam se sentir confiantes. A partir desse momento, o **foco deve ser o bem-estar e a saúde do paciente**, não mais a doença. Deve-se priorizar o direito e o conforto de seus doentes.

O assunto é tão importante que, em 2000, o Ministério da Saúde criou o projeto de humanização hospitalar. A Rede Humaniza SUS (RHS) funciona como apoio para o enfrentamento dos desafios nessa área. No site do projeto, são disponibilizados diversos materiais explicativos que podem ser consultados gratuitamente.

O ato de tratar o próximo de forma humanizada não é algo que se impõe, tampouco que se ensina em cursos ou palestras, mas são ações que indicarão uma sequência de transformação do comportamento da equipe e da cultura corporativa.

Em momentos mais tensos, em casos graves ou devido a algum problema técnico na instituição, uma equipe bem orientada certamente passará segurança aos pacientes e os deixará tranquilos quantos aos procedimentos a serem adotados.

Os colaboradores poderão consultar o manual de conduta e ética institucional, sempre que for necessário. Nesse material, a empresa deverá especificar todos os deveres, direitos e obrigações. O resultado de um guia bem elaborado é o fortalecimento da imagem corporativa, a melhora no ambiente de trabalho, o progresso nos tratamentos dos pacientes e a transparência nos processos implantados, entre outros.

Além das regras de conduta, a instituição deve programar treinamentos periódicos durante o ano. Nesses treinamentos deverão ser abordados temas como: liderança, etiqueta profissional, atualização profissional, palestras motivacionais, integração entre equipes, gestão de conflito, metas e objetivo da empresa, entre outros.

Outras ferramentas importantes são: caixa de sugestão, canal de contato direto com os pacientes (e-mail, telefone, chat, entre outros). A empresa precisa estar preparada e aberta para receber qualquer tipo de informação vinda do paciente e/ou de seu acompanhante.

É importante que todas as manifestações registradas sejam respondidas de alguma forma. A pessoa atendida precisa saber que foi observada e que a instituição está dando a devida atenção ao seu problema. Às vezes, não será possível fazer o que está sendo sugerido, mas o paciente deve ser informado sobre o assunto.

Competências a serem desenvolvidas

A qualidade na prestação do serviço depende da infraestrutura que a empresa oferece, mas também do **desempenho do profissional** que está lidando no dia a dia com a pessoa assistida. A equipe precisa estar alinhada com a atividade a ser entregue, de acordo com Lourdes Hargreaves (2004, p. 16).

O profissional precisa demonstrar segurança ao aplicar seus conhecimentos, ter autonomia e competências técnicas e humanas. Para isso, é fundamental que esteja sempre em busca de atualização.

Espera-se que o colaborador seja ativo, busque soluções para os problemas e questione as situações do cotidiano, para que, junto da equipe, possa encontrar novas metodologias de trabalho.

Almeida (2010) afirma que o desenvolvimento de competências é primordial para qualquer profissional.

As competências descritas a seguir servirão de base para nortear os profissionais que desejam desenvolver algumas técnicas tanto para organizar as tarefas do dia a dia quanto para desenvolver e/ou aperfeiçoar habilidades comportamentais.

Competências técnicas	Competências comportamentais
Administração de agenda	Relacionamento interpessoal Administração de conflitos
Comunicação escrita e oral Ferramenta 5W2H	Equilíbrio emocional, humildade, criatividade, inovador
Tecnologia da informação	Postura profissional (discrição, sigilo, adequação, credibilidade)
Organização de tarefas, informações, ambiente de trabalho	Bom humor, entusiasmo, determinação, autoestima
Organização de arquivo (manual e/ou eletrônico)	Habilidade para trabalhar em equipe, espírito agregador
Triagem e encaminhamento de documentos e informações	Comprometimento com a função, a empresa, os resultados
Pesquisa de dados (internet e outras fontes)	Flexibilidade, persistência, disposição à mudança
Organização e manutenção agenda de telefones	Interesse em evoluir, aprender, proatividade

Fonte: Adaptação do quadro de competências (ALMEIDA, 2010, p. 52-54).

Outra ferramenta útil e que ajudará na mudança de comportamento é o princípio KFC*, um acrônimo derivado da língua inglesa, que significa:

- **K:** *Know what you want*/**Saiba o que você quer**. Tenha claro seus objetivos, de forma positiva e no tempo presente.
- **F:** *Find out what you're getting*/**Observe o resultado obtido**. Aprenda com todos os *feedbacks* recebidos. Esta é uma forma de mensurar se está no caminho certo para seus objetivos ou se precisa de ajustes.
- **C:** *Change what you do until you get what you want*/**Mude até você atingir o resultado desejado**. Não se pode ter sempre a mesma atitude e esperar resultados diferentes. Inove, ouse, seja criativo, aprimore seu conhecimento, vá aonde os outros não iriam.

Política de atendimento

A criação de uma política de atendimento para padronizar e orientar a equipe é fundamental quando se busca o encantamento do público. O objetivo é fazer com que o paciente tenha uma excelente experiência ao ter contato com a empresa e que o colaborador demonstre entusiasmo ao executar a tarefa.

A ideia é implementar o roteiro não somente no setor de linha de frente do atendimento, mas também treinar toda a organização, desde os funcionários da limpeza até os médicos que estarão realizando a consulta. O importante é a **garantia de um padrão de qualidade e excelência**.

A qualidade do atendimento médico inicia-se no momento da marcação da consulta; caso o paciente não seja bem assistido nesse instante, ele não se sentirá seguro para seguir com o seu atendimento. E esse, de fato, será o diferencial da instituição.

A seguir, um roteiro que garantirá um bom atendimento.

- Saudação inicial: "bom dia"/"boa tarde"/"boa noite";
- Identifique-se de forma clara;
- Tom de voz agradável, demonstre disposição e gentileza;
- Se possível, convide para se sentar, ofereça água e café;
- Escute com atenção e anote as informações mais importantes, principalmente o nome da pessoa;
- Tenha empatia, coloque-se no lugar da pessoa atendida;
- Certifique-se que entendeu a solicitação do cliente;
- Transmita informações claras e objetivas;

---

* Extraído do livro *Como convencer alguém em 90 segundos* (Boothman, 2012, p. 40).

- Seja resolutivo, não crie mais burocracias;
- Utilize vocabulário formal, não utilize palavras no diminutivo e gírias;
- Despeça-se de forma cordial e tenha sempre um sorriso no rosto;

Se você soubesse que uma maior atenção a algum detalhe aumentaria a fidelidade dos seus clientes, como você aplicaria esse programa em sua empresa?

Invista em observar o seu público, preste atenção nas necessidades do cliente, ouça com atenção o que ele deseja e olhe em seus olhos.

Conclusão

O que está em discussão não é a criação de novos serviços nem investimentos milionários para a fidelização de clientes. Espera-se apenas mudanças de comportamento e de cultura corporativa, adaptando processos e implementando modelo de gestão focado totalmente no paciente e na qualidade da prestação do serviço.

Considerando toda a evolução vista até o momento, é preciso refletir sobre o futuro das empresas e o desenvolvimento de carreira dos seus funcionários. Planejamento é fundamental no momento em que se pretende mudar de posicionamento em um mercado altamente concorrido, com um público cada vez mais exigente e, ao mesmo tempo, tão carente de empresas que prezam pela **compreensão humana**. É necessário trabalhar pela excelência no atendimento e focar no tratamento e na cura do paciente. O lucro será uma consequência.

Referências

ALMEIDA, W, A, G. *Mudanças de paradigmas na gestão do profissional de secretariado*. 2010. p 52-54. Trabalho de Conclusão de Curso. Fecap, São Paulo, 2010.

BOEGER, M. *Hotelaria hospitalar*: implantação e gestão. Curitiba: Inter Saberes, 2017.

BOOTHMAN, N. *Como convencer alguém em 90 segundos*. São Paulo: Universo dos Livros, 2012.

CALDEIRA, Helvio. *Hotelaria hospitalar: tudo que você precisa saber*. mar, 2019. CM Tecnologia Blog. Disponível em: <https://cmtecnologia.com.br/blog/hotelaria-hospitalar/>. Acesso em 25 fev. 2020.

CONNELLAN, T. K. *Nos bastidores da Disney*. São Paulo: Futura, 1998.

D'ELIA, M. E. *Profissionalismo*: não dá para não ter. São Paulo: Editora Gente. 1997.

HARGREAVES, L.; Z., R; L., R. *Qualidade em prestação de serviço*. Rio de Janeiro: SENAC.DN, 2004.

HOTELARIA. Sociedade Portuguesa de Beneficência de Santos, Santos. Hospital/Hotelaria. Disponível em: <http://spb.org.br/hospital/hotelaria/hotelaria-historia-e-conceito/>. Acesso em 25 fev. 2020.

Rede Humaniza SUS. Brasil. Disponível em: <http://redehumanizasus.

SILVA,Gustavo. *Atendimento humanizado: você sabe como implantá-lo em sua clínica?*. 31, out de 2016. Nutri Soft Brazil.Disponível em: <https://nutrisoft.com.br/atendimento-humanizado>. Acesso em 25 fev. 2020.

2

ATENDIMENTO JURÍDICO AO CLIENTE EXTERNO

Este capítulo demonstrará a importância do profissional de secretariado dentro das organizações e em escritórios de advocacia, ressaltando a atenção com o atendimento ao cliente externo, competência necessária para a profissão e para a fidelização do cliente, além da aplicação da resiliência e da inteligência emocional para lidar com as situações inesperadas do dia a dia.

LUCIANA MARA VENDRAMEL CORREA

Luciana Mara Vendramel Correa

Formada em MBA em Assessoria Executiva pelo Grupo Uninter; bacharel em Secretariado Executivo pela Universidade Paulista – UNIP. Atua como secretária em escritório de advocacia desde 2011, assessorando as sócias em assuntos profissionais e pessoais. Membro do Grupo de Estudos Secretariando; coautora dos livros *Competências especiais para o desenvolvimento continuo do profissional de secretariado executivo*, *Framework do plano de carreira do profissional secretário* e *O futuro do secretariado: educação e profissionalismo* (Literare Books International, 2019).

Contatos
lucianamarasecretaria@gmail.com
Facebook: Luciana Mara Vendramel Correa
Instagram: Luciana Mara Vendramel
LinkedIn: www.linkedin.com/in/luciana-vendramel-61055733

É inevitável discutir o papel do profissional de secretariado em escritórios de advocacia, tendo como objetivo demonstrar a sua atuação no exercício de sua profissão nesses escritórios.

Podemos dizer que esse profissional é figura indispensável para o andamento da organização do cotidiano de vários executivos e no atendimento aos seus clientes externos e internos.

Os clientes externos são todos os clientes atendidos pela empresa, ou seja, aqueles que estão à procura dos serviços prestados pela organização.

Atender, entender e encantar o cliente continuam sendo os principais objetivos das empresas, e o maior desafio é conquistar a sua fidelização.

Transforme a cultura de atendimento em padrão de excelência, em que os momentos da verdade se transformarão em momentos mágicos e serão uma excelente estratégia para a fidelização e a geração de lucros.

No entanto, o secretário é uma das linhas de frente no atendimento ao cliente e no fazer com que ele se sinta especial e único, uma vez que cada cliente e cada situação são únicos. Sendo assim, podemos dizer que, para encantar o cliente, é necessário ter uma postura de encantamento com a vida, com a profissão e com a missão de lidar com pessoas.

Contudo, esse cliente externo procura a organização ansioso para esclarecer suas dúvidas, pleiteando uma reunião para tratar de estratégias frente a uma audiência ou visando tomar alguma providência que seja necessária para a resolução dos seus problemas.

O secretário, frente a essa situação, deve providenciar uma reunião com o seu gestor para o atendimento e para a orientação a esse cliente.

Todavia, quem entende de atendimento sabe que a regra básica não é sorrir para o cliente, e sim conseguir que ele sorria para você.

Tratando-se ainda de atendimento ao cliente, os profissionais, independentes de sua área, podem utilizar algumas ferramentas que são fundamentais para um bom atendimento:

- Empatia: é a capacidade de se colocar no lugar do outro;
- Chamar o cliente pelo nome: faz com que as pessoas se sintam especiais;

- Competência: transmitir confiança, credibilidade e segurança faz toda a diferença para o cliente;
- Postura: é o tratamento dispensado às pessoas;
- Sinceridade: falar com precisão sobre o que está sendo ofertado;
- Cortesia: mostrar-se simpático, receptivo e prestativo; assim, o cliente perceberá que está sendo agradado;
- Rapidez: este quesito é apreciado por clientes que querem ganhar tempo ao resolverem seus problemas;
- Atendimento telefônico: a partir do primeiro contato, o cliente já cria uma imagem positiva do escritório, quando entra em contato telefônico e é bem atendido;
- Entusiasmo: é uma atitude que contagia de maneira positiva.

O aspecto fundamental do atendimento jurídico ao cliente externo consiste em não se fixar apenas no que o cliente quer, mas compreender o conjunto de expectativas que acompanham o seu desejo principal. Sendo assim, aplicando essas ferramentas ao atendimento, certamente o cliente ficará muito satisfeito com a importância dada ao seu caso, e não lhe restará dúvidas de que o escritório contratado possui colaboradores com um alto grau de competência e capacitação para entender e solucionar o seu problema dentro das condições que ele procura e julgue como justas e adequadas, e que ocorram em clima apropriado às expectativas dele.

Competências

Para garantir que o secretariado desenvolva seu trabalho com excelência, é necessária a aplicação dos três elementos que basicamente formam a competência: conhecimento, habilidade e atitude – ou, simplesmente, CHA.

Segundo o sociólogo francês Zarifian (2001a, p. 72), competência é:

> [...] um entendimento prático de situações que se apoia em conhecimentos adquiridos e os transforma na medida em que aumenta a diversidade das situações.

Assim, entendemos que esses três componentes significam ser qualificado e capaz de enfrentar desafios e de tomar decisões corretas e eficazes.

Contudo, profissionais do ramo jurídico que lidam com o público, fornecendo informações e prestando serviços, precisam ter algumas habilidades, tais como: facilidade de relacionamento, paciência, capacidade de reflexão, flexibilidade de comportamento.

Daniel Godri, um grande consultor de marketing, elaborou a seguinte frase: "Treino e valorizo as recepcionistas, os guardas, as telefonistas, as secretárias, porque eles podem, em um único contato, melhorar ou destruir toda a imagem da minha empresa." Sendo assim, quanto mais bem treinado estiver o pessoal de atendimento, mais fácil será para desempenhar suas funções, apresentando um serviço de qualidade e excelência.

Fidelizando o cliente

É na área do atendimento que se situam as maiores e melhores oportunidades para conquistar, manter, encantar e fidelizar clientes.

Ao falar em fidelização de clientes, não podemos nos esquecer de que um bom produto ou serviço é a base para o desenvolvimento da fidelidade do cliente.

As organizações devem personalizar seus serviços de acordo com o que os clientes individuais querem.

Barnes (2002, p. 38), explica que:

> A base da fidelidade está na satisfação sustentada do cliente; é uma relação de atitude e emoção, e não apenas uma relação da natureza comportamental. Para aumentarmos a fidelidade, devemos elevar o nível de satisfação do cliente e sustentar esse nível ao longo do tempo. Para aumentar a satisfação, precisamos agregar valor ao que oferecemos ao cliente.

Ter como objetivo a fidelização do cliente é de suma importância, pois evita a concorrência e aumenta a lucratividade da empresa. Notamos que o cliente é fiel quando ele reclama de alguma coisa que não lhe agrada. Isso sinaliza que ele não quer sair da empresa, e sim ver seu problema solucionado.

Fidelizando o cliente, consequentemente consegue-se mantê-lo, pois as empresas inteligentes não querem uma carteira de clientes, mas manter esses clientes para sempre.

Contudo, para manter o cliente, é importante cumprir o que lhe foi prometido, excedendo as expectativas dele ao lhe mostrar algo a mais: manter contato permanente, ser educado, cordial e agradecer a oportunidade de estar falando com ele.

Resiliência e inteligência emocional

Resiliência e inteligência emocional andam de mãos dadas e, na área de atendimento ao cliente, não deixam de ser menos importantes.

Pessoas resilientes possuem uma visão positiva em relação ao mundo, estão focadas em seus objetivos, são flexíveis e organizadas.

Você é resiliente quando cresce nas mudanças, antecipa-se às situações e produz coerência estratégica para a sua equipe e para os clientes.

Aplicar a resiliência e controlar nossas emoções são fatores essenciais ao desenvolvimento do profissional de secretariado nos escritórios de advocacia e no seu corpo jurídico. Ao trabalharmos com a resiliência em momentos delicados e de estresse, não perdendo o controle, mantendo a disciplina, conseguiremos lidar com os conflitos, tomando decisões sensatas e fazendo a diferença em nosso trabalho.

Segundo Martins & Genghini (2013, p. 245):

> Dentre as características do profissional que pratica a inteligência emocional e social no trabalho há de se destacar a resiliência, que é a propriedade que alguns corpos apresentam de retornar à forma original após terem sido submetidos a uma deformação.

A inteligência emocional é a capacidade de gerenciar novas emoções usando-as sem perder o domínio ou o controle da situação. Daniel Goleman nos ensina que o autoconhecimento, a administração das emoções, a automotivação, a empatia e a arte de se relacionar bem são as chaves para o desenvolvimento da Inteligência Emocional.

Contudo, mesmo trabalhando em conjunto, temos visões e emoções diferentes de uma mesma situação; e quanto mais entendermos nossas emoções, será mais fácil tomarmos a decisão correta para resolver os problemas.

Os colaboradores jurídicos dos escritórios de advocacia, juntamente com o profissional de secretariado que agrega a resiliência e a inteligência emocional, levam consigo um diferencial imprescindível e necessário ao desenvolvimento da competitividade, no que diz respeito ao desenvolvimento da profissão e do crescimento pessoal.

No mais, as pessoas diretamente ligadas aos seus clientes sabem o que os satisfaz; no entanto, o que satisfaz um cliente não satisfaz necessariamente o outro, mas o que agrada a todos é a atenção dispensada, é ser tratado com respeito e, é claro, ter o seu problema solucionado.

Referências

BARNES, James G. *Segredos da gestão pelo relacionamento com os clientes – CRM:* é tudo uma questão de como você faz com que eles se sintam. Qualitymark. Editora, 2002.

D'ELIA, Maria Elizabete Silva; NEIVA, Edméa Garcia. *As novas competências do profissional de secretariado*. 3. ed. São Paulo: IOB Folhamatic, 2014.

D'ELIA, Maria Elizabete Silva; SITA, Mauricio. *Excelência no secretariado*. São Paulo: Editora Literare Books, 2013.

GOLEMAN, Daniel. *Inteligência emocional: por que ela pode ser mais importante para o Q.I.?* Trad. Marcos Santarrita. 36. ed. Rio de Janeiro: Objetiva, 1995.

HILSDORF, Carlos. *Revolucione seus negócios: um guia completo para alcançar o sucesso no novo cenário de negócios*. São Paulo: Cliio Editora, 2013.

MAZULO, Roseli; LIENDO, Sandra. *Secretaria: rotina gerencial, habilidades comportamentais e plano de carreira*. São Paulo: Editora SENAC, 2010.

SILVA, Rafaelle Cristina da. *O atendimento como arte de encantar o cliente*. Assis: Fundação Educacional do Município de Assis – FEMA, 2011. 45 p.

ZARIFIAN, P. *Objetivo competência: por uma nova lógica*. São Paulo, SP; Atlas, 2001a.

3

ATENDIMENTO NA EDUCAÇÃO: ESCOLAS E FACULDADES

A tecnologia nos auxiliou na exploração da melhoria no atendimento, assegurou o avanço de softwares de busca, que permitiu identificar os hábitos e preferência do cliente, contribuindo para pesquisa online, chegando mais perto dos seus desejos e objetivos de satisfação. O aprendizado científico nos permitiu apreciar todas estas conquistas, mas o toque pessoal e humano nas relações e imprescindível.

GENECI AUGUSTA DO NASCIMENTO PEREIRA

Geneci Augusta do Nascimento Pereira

Atuando como secretária remota e assistente virtual, exerceu a função de auxiliar de secretaria, Fundação Instituto Tecnológico de Osasco (FITO). Atuou na área contábil Supervisor - UBB - União de Bancos Brasileiros S/A. Coautora do livro *O futuro do secretariado: educação e profissionalismo* (Editora Literare 2019). Formações: Faculdades Integradas Campos Salles - (licenciatura plena em nível superior – especialização em contabilidade e custos). Faculdade de Ciências da Fac-FITO - (bacharelado em administração de empresas). Pós-graduação em secretariado executivo: assessoria empresarial e educacional pelo no Claretiano. PhG/Toucher Desenvolvimento Humano – (curso preparatório para docência na área de secretariado). Mestrado em Resolução de Conflitos e Mediação – FUNIBER- Fundação Universitária Iberoamericana (em curso).

Contatos
geneciaugusta@hotmail.com
geneciaugusta@gmail.com

O avanço no atendimento deu-se no decorrer dos tempos, desde a idade média até os dias de hoje. Atualmente, deparamo-nos com um cliente bastante exigente e que tem noção dos seus direitos e deveres como cidadão. Com uma legislação específica em seu benefício, que cuida dos direitos dos consumidores, e com o avanço de novas tecnologias disponíveis, os clientes passaram a ter ferramentas mais atuais a seu favor, a ponto de poder usá-las para difamarem uma instituição se suas necessidades não forem supridas. Todavia, existe um lado bom, pois as mesmas ferramentas podem ser utilizadas para divulgar positivamente a mesma instituição caso o cliente tenha recebido um excelente atendimento.

Ao escrever sobre atendimento ao cliente, devemos levar em consideração tipos diferenciados de atendimento, porque, nas instituições de ensino público, municipais e privadas, existem maneiras diferentes de passar informações. De qualquer forma, temos um fator em comum, que contribui muito: a tecnologia. Os *sites* possibilitam o acesso às plataformas digitais das instituições, que oferecem informações como: matrículas e pré-matrículas, cursos e instruções sobre cada um desses serviços, principalmente os cursos técnicos e tecnólogos, quando for de nível superior; e, nas instituições particulares, preços e se possuem sistemas de bolsas de estudo etc.

No entanto, nada se compara ao atendimento presencial, com um funcionário, um coordenador ou um diretor da instituição. E é neste atendimento que as instituições de ensino vêm buscando se aprimorar; cada vez mais há um atendimento especializado.

É importante tomar as medidas básicas para instruir a sua equipe. O pessoal envolvido no atendimento deve receber muito bem o aluno e os responsáveis desde o momento em que eles visitam pela primeira vez a instituição.

O setor de atendimento precisa, de pronto, propagar equilíbrio, amabilidade e a noção de que os alunos e seus responsáveis são sempre bem-vindos, sendo uma forma de comprovar valor e compromisso com eles.

Os atendentes devem ser bem preparados e apresentáveis sempre. Esclarecer sobre todos os benefícios que podem ser oferecidos pela instituição, como as tecnologias utilizadas para beneficiá-los, o conhecimento sobre todos os cursos oferecidos, as técnicas corretas para tratamento do aluno, com acréscimo de informações em relação ao mercado de trabalho atual, de acordo com os cursos. Tudo isso é um diferencial que pais e alunos gostam de ouvir.

Ao passar informações ao aluno, o atendente tem de ser cristalino nas instruções e, ao mesmo tempo, ser um bom ouvinte. A fala precisa ser comedida, com voz firme, mas calma. Nunca proferir jargões ou impropérios. Jamais tratar o aluno com austeridade e agressividade, mesmo que ele não esteja com a razão. Oriente o atendente para que, em caso de hostilidade, mantenha-se tranquilo e chame seu supervisor para evitar qualquer descontentamento.

Serviços públicos e privados

Em relação à questão do mau atendimento nos serviços públicos, diversos autores alertam para movimentos que despertam divergência entre o que se espera das instituições públicas e privadas e o que verdadeiramente ocorre na realidade, comprometendo a excelência do atendimento. São eles:

- Falta de recursos humanos, financeiros e materiais. Hoje, os brasileiros se deparam com a escassez de investimentos na área da educação;
- Carência na aplicação de recursos em capacitação técnica e no engrandecimento comportamental. Hoje, não se pode mais dispor de um colaborador para atuar na prática do atendimento ao cliente sem que ele conheça o produto ou serviço que a instituição oferece. Os clientes conectam-se à internet para obter informações sobre produtos e serviços antes, no decorrer ou posteriormente à negociação. Portanto, não basta apenas a polidez, a afabilidade, a compreensão e o como se portar diante desses clientes com diversos perfis.

As escolas privadas são "estabelecimentos de ensino pertencentes a entidades do setor privado ou cooperativo" (COTOVIO, 2004, p.22), nos quais tanto a propriedade como a gestão são de responsabilidade de entidades não estatais. Essas escolas têm sido, ultimamente, alvo de bastante atenção por parte dos meios de comunicação social, da opinião pública e dos políticos, a nível nacional e internacional.

Atendimentos em instituições privadas e públicas de ensino médio e faculdades: como as equipes são preparadas e alguns depoimentos

- Recebem um treinamento a respeito dos cursos, de como proceder ao executar a matrícula, informações sobre pagamento, parcelamento, descontos e programas de bolsas de estudos (caso haja disponibilidade), horários de funcionamento, como utilizar o *site*, impressão do material referente à matrícula e a maneira como se comportar durante o atendimento ao responsável e ao aluno.

• A equipe deve ser preparada para apresentar a instituição; recebem as instruções para mostrar os pontos fortes do prédio escolar, que são: sala de aula, direção, coordenação, sala da diretoria executiva, tesouraria, secretaria, biblioteca, cantina, banheiros e quadra poliesportiva. Além disso, apresentam as atividades extracurriculares, como balé, judô, aulas de música etc. Os horários para visitas podem ser agendados ou não, sempre há uma equipe disponível no local para prestar o primeiro atendimento.

• Outro ponto importante é que sempre haja a presença de um orientador pedagógico para informar ao responsável pelo aluno sobre a grade curricular do curso em que seu filho vai ser matriculado e outras orientações, como o sistema de ensino utilizado e o processo seletivo (vestibular ou vestibulinho). Nas instituições, tanto privadas quanto públicas, geralmente ficam disponíveis professores, coordenadores e o orientador educacional caso haja solicitação de mais informações aos interessados, como pais e alunos.

• Em instituição que ministra cursos superiores, o pessoal do atendimento recebe um treinamento diferenciado, pois os alunos de ensino superior são totalmente independentes; poucos deles comparecem acompanhados dos responsáveis. Em geral, são recrutados por vestibular ou provas agendadas. Praticamente, eles já sabem o que querem e conhecem bem a instituição na qual desejam realizar os seus estudos. E, como têm acesso à internet, fazem sua matrícula pelo portal do aluno. Só há contato com o atendimento se não conseguirem solucionar o problema pelos serviços *online*.

• No caso da instituição de ensino superior, há uma equipe de linha de frente preparada para fazer o atendimento a todos os interessados que a procuram. Esses profissionais são treinados pelo gestor de marketing. Existem procedimentos padronizados para respostas via e-mail; o público-alvo é formado por jovens residentes na cidade onde a instituição está sediada e em regiões vizinhas. Para manter um bom relacionamento com os alunos, a instituição os convida para participarem de eventos e incentiva que os mesmos convidem outros jovens com o intuito de angariar novos alunos.

Expectativa do cliente quanto aos serviços prestados pelas instituições

Podemos observar o quanto a expectativa é importante no atendimento ao cliente. Expectativa quer dizer "esperança fundada em promessas ou probabilidades", segundo o *Dicionário Aurélio da língua portuguesa* (FERREIRA, 2010). Prometer significa submeter-se oralmente ou por escrito a criar ou doar alguma coisa. Esse é um ponto curioso para compreendermos que, se uma instituição deseja determinar algum relacionamento de segurança com seus clientes, necessita sustentar com cautela o que se compromete a fazer. Qualquer comprometimento não realizado, mais adiante, pode ferir o artigo 66 do Código de Defesa do Consumidor, e é capaz de quebrar a construção do relacionamento entre instituição e cliente.

Krech e Crutchfield (1980) mencionam que expectativa pode ser entendida como um padrão que a própria pessoa estabelece para si mesma em determinada atividade. Caso a expectativa se adeque a uma prática satisfatória, seguirá na direção certa; caso contrário não terá sucesso. Melhor expressar que somos capazes de gerar esse modelo sem que nenhuma pessoa nos exprima nada. Somos capazes de gerar um modelo estipulado por determinado colaborador de uma instituição e, assim sendo, precisamos permanecer alertas para não abandonarmos os clientes descontentes ou desapontados.

Segundo McAllister (1995), "a confiança pressupõe a expectativa de que ocorrerá o esperado e não o temido". Gozar de confiança nos serviços prestados pelas instituições é de suma relevância para o comprador, pois do contrário, a vida se tornaria muito difícil. Para Owen (2011, p. 137), "a confiança é tão importante que a admitimos como natural, como o ato de respirar". Logo, para conservar essa vinculação, é indispensável ser digno, ou seja, fazer o que é correto.

Em verdade, sabe de que as instituições precisam? Elas precisam que superemos as expectativas dos clientes. Um exemplo simples de superação ocorreu em uma escola: em época de matrícula, duas mães marcaram um horário para fazer uma visita rotineira. A primeira mãe já conhecia bem a instituição e já havia decidido realizar a matrícula da única filha, pois morava na mesma cidade em que funcionava a escola. A segunda era sua irmã, que tinha três filhos e residia um pouco distante, mas tinha ótimas referências da escola. O intervalo prestes a acontecer, a merendeira da escola estava fazendo um bolo que exalava um aroma muito bom. Um dos filhos da segunda mãe, que estava conhecendo a escola, dirigiu-se até a merendeira e, depois de algumas perguntas, indagou-lhe sobre o que ela estava fazendo. Então, ela lhe disse que era o bolo para o lanche dos alunos do fundamental I. Ingênua, porém hábil, ofereceu um pedaço do bolo à criança, que aceitou e saiu comendo pelo pátio toda feliz. A mãe, ao presenciar a cena, falou: "Não preciso saber mais nada sobre a escola, só o fato de tratarem meu filho bem já me cativou." E, sem pestanejar, matriculou os filhos na instituição. Com certeza, a funcionária da merenda não tinha conhecimento, mas utilizou uma estratégia (de atendimento) e conquistou alunos para a escola.

É disso que as instituições precisam, isto é, de pessoas hábeis no trato com os clientes. Alberoni e Veca (1992, p. 54) afirmam que "para fazer o bem não é preciso amar. O profissional deve analisar aquilo que as pessoas precisam e realizá-lo", como fez a merendeira da instituição, oferecendo o pedaço do bolo à criança.

O marketing para as instituições

Mesmo com investimentos em marketing, as instituições muitas vezes têm dificuldades de fechar turmas, principalmente as privadas, e isso é motivo de preocupação para muitos dos diretores. As estratégias para captação de alunos podem estar em medidas simples como o marketing boca a boca. É uma maneira eficiente de conquistar alunos, pois nada melhor que a confiança da indicação que é passada por um aluno satisfeito com os serviços recebidos, afinal ele os utilizou e os conhece muito bem. Essa indicação tem um peso decisivo para a escolha dos novos alunos, que serão indicados por ele.

Certo é que pais e alunos irão buscar por meio de sites e redes sociais as instituições de ensino que mais se adequem às suas necessidades. Mas observamos que a melhor forma de conquistar os alunos é realmente fazendo com que ele conheça os seus serviços e a sua marca.

Do ponto de vista do marketing administrativo, devemos nos atentar aos nossos clientes ativos, pois já os conhecemos e nos relacionamos com ele. Outros preferem conquistar os clientes com mais potencial, porque faz parte do que desejam atrair e cativar para as suas instituições. Contudo, não devemos desprezar os não clientes. Segundo Torres (2009), os diretores, quando tomam esta decisão, incorrem em um erro que pode ser prejudicial às instituições, pois, ao não considerá-los, não percebem que eles podem disseminar opiniões desfavoráveis sobre seus serviços e sua marca no mercado e podem, facilmente, divulgar informações negativas nas redes sociais e na internet. Por conseguinte, tratá-los gentilmente é essencial para o relacionamento dos negócios e para conquistá-los como futuros clientes. De acordo com pesquisas realizadas, é economicamente mais vantajoso manter um cliente fidelizado que conquistar novos.

Referências

COTOVIO, J. (2004), *O ensino privado*, Lisboa, Universidade Católica Editora.

DICIO. Dicionário Online de Português. Disponível em: <http://dicio.com.br>. Acesso em 18 de dez. 2020.

FERREIRA, Buarque de; Holanda (2010), *Dicionário Aurélio da Língua Portuguesa*, ed. Positivo.

LIMA, Jorge Ávila de; MELO, André Costa. *As escolas privadas e os seus clientes: estratégias organizacionais de promoção da oferta e de regulação das admissões*. Disponível em: <http://journals.openedition.org/sociologico>. Acesso em 02 de fev. 2020.

SILVA, Fábio Gomes da; ZAMBON, Marcelo Socorro (orgs.). *Gestão do Relacionamento com o cliente*. 3. ed. rev. São Paulo: Cengage, 2016.

VERGARA, Sylvia Constant; RODRIGUES, Ferreira Denize; TONET, Helena Correa. *Excelência no atendimento ao cliente*. Rio de Janeiro: Editora FGV, 2014.

4

ATENDIMENTO COMO UM DIFERENCIAL COMPETITIVO NO SEGMENTO DO COMÉRCIO

Dialogar sobre atendimento ao cliente do comércio é pensar em estratégias para atraí-lo, encantá-lo e fidelizá-lo. A satisfação do consumidor não está unicamente ligada à qualidade dos produtos e dos serviços. As empresas devem agregar valor ao cliente por meio da excelência no atendimento. Conquistar o cliente exige comprometimento e atenção aos detalhes. Valorize as expectativas do consumidor.

WALKIRIA ALMEIDA

Walkiria Almeida

Mestra em Administração (com concentração em Gestão Internacional) pela ESPM. Possui 30 anos de experiência como secretária executiva de presidência e diretoria. Palestrante nacional e internacional. Docente no Curso de Secretariado Executivo Trilíngue da FMU. Conselheira do Sinsesp. Facilitadora de cursos há 20 anos. Coordenadora e coautora do livro *O futuro do secretariado: educação e profissionalismo*, publicado pela Editora Literare Books International em 2019. Autora do livro *Competências dos profissionais de secretariado em diferentes empresas*, publicado, em 2017, pela Editora Literare Books International. Coautora do livro *Excelência no secretariado*, publicado pela Editora Literare Books International, em 2013. Coautora de dois projetos premiados em 1º lugar (docência e indicadores de resultados), na CONASEC. Autora de artigos para a revista *Gesec*. Facilitadora de cursos na Consultre, Sieeesp e Sescon. Membro do Comitê Finsec – Fórum Internacional de Secretariado – em Moçambique.

Contatos
w_almeida35@hotmail.com
Lattes: www.lattes.cnpq.br/0464641077491625
LinkedIn: www.linkedin.com/in/walkiria-almeida-40053121
Instagram: @wa.educorp

O vocábulo comércio é derivado do latim *commercium*, e refere-se à negociação de compra ou venda de bens e mercadorias. O capítulo terá início com uma simples pergunta: como costuma ser a sua experiência com o atendimento no segmento do comércio? Pode ser no supermercado, na farmácia, na loja do shopping, na lojinha do bairro, na padaria, entre outros. O atendimento supera as suas expectativas?

Já faz algumas décadas que a qualidade no atendimento ao cliente não é mais um diferencial, e sim uma obrigação para todas as empresas. Portanto, as que não estiverem atentas a esse requisito estão destinadas ao insucesso.

Para que o comércio atenda com eficácia ao cliente, é necessário que os profissionais envolvidos estejam preparados e tenham as competências exigidas para um excelente atendimento.

Seguem abaixo algumas competências que farão a diferença nesse atendimento.

Competências técnicas

- Organização;
- Tecnologia;
- Comunicação escrita;
- Administração do tempo.

Competências comportamentais (humanas)

- Relacionamento interpessoal;
- Inteligência emocional;
- Postura;
- Entusiasmo;
- Comprometimento;
- Flexibilidade;
- Trabalho em equipe.

É importante que o profissional do atendimento tenha em mente que, quando o cliente adentra à empresa, ocorre o momento da verdade, quando toda a atenção deve estar voltada para esse consumidor.

Muitas vezes, a empresa tem bons produtos e serviços, mas falha no atendimento ao cliente, pois não há treinamentos para os funcionários da linha de frente; e, então, os problemas acontecem.

Para que a relação entre a empresa e o cliente seja qualitativa, é fundamental que sejam observados alguns itens que contribuirão para o desempenho comercial.

A empresa deve investir no relacionamento com o cliente e, com isso, obter resultados relevantes para o negócio. O consumidor precisa se sentir parte do processo e manter a lealdade na compra do produto ou serviço.

Ações necessárias para conquistar o cliente

Conhecer o cliente

Observa-se que será impossível atender com excelência sem conhecer as expectativas do cliente. Nesse contexto, a equipe precisa entender as motivações de compra de cada consumidor. Quais são as suas necessidades? O que ele deseja?

Uma boa recomendação para descobrir essas necessidades é fazer questionamentos, analisar e se colocar no lugar do cliente (empatia). Assim, ajudará a resolver os problemas com maior rapidez e eficiência.

É valido ressaltar que a realização de pesquisas periódicas também pode contribuir para conhecer um pouco melhor o cliente e quais os reais motivos que o levam a adquirir seus produtos ou serviços. Conhecer o perfil do seu consumidor é uma forma de fechar negócios mais rapidamente.

Sentir prazer em encantar

Os profissionais da linha de frente devem sempre ter prazer em servir e encantar. O lema dessa equipe deve ser: "deixar o cliente satisfeito". O time de atendimento precisa ser o eixo transformador da empresa, resolvendo os problemas e dirimindo as dúvidas, o que resulta em clientes satisfeitos e fiéis.

Por esse motivo, é primordial que os gestores mantenham o foco nas contratações, buscando profissionais alinhados à missão, à visão e aos valores da empresa. Além de ter uma programação contínua de treinamentos, de acordo com as exigências do cargo de cada pessoa.

Estar sempre próximo ao seu cliente

É comum ouvir frases como "atender ao cliente é muito fácil" ou "atendimento não tem desafio algum". Afirma-se que, de fato, atender é muito simples e qualquer pessoa pode fazê-lo. Entretanto, realizar a gestão de relacionamento com o cliente é algo que exige muito de qualquer profissional.

O cliente não quer ser simplesmente atendido, ele quer mais que isso. Ele deseja atenção e que o seu problema seja resolvido. É como diz o ditado popular: "quem não dá assistência, abre espaço para a concorrência". As empresas que não estiverem com o foco total no atendimento passarão por muitas adversidades.

Manter a comunicação com o cliente

Uma das formas de garantir a melhoria no atendimento é trabalhar a comunicação. É importante que todos que atendam aos clientes, principalmente os vendedores, apresentem-lhes as informações de forma clara e direta. O consumidor precisa confiar na empresa com a qual negocia. Prometer algo e não cumprir é sinônimo de falta de ética. Deve-se tomar cuidado com o uso de propaganda enganosa.

A imagem da empresa precisa ser protegida por todos os funcionários. Quando o cliente percebe que a reputação não corresponde às atitudes rotineiras, ele pode perder a confiança definitivamente.

Falar a linguagem do excelente atendimento

O atendimento excelente é baseado no profissionalismo, na ética e no comprometimento, mas isso não demonstra que os funcionários devem ter atitudes robotizadas, automáticas ou respostas-padrão. Vale lembrar que cada pessoa é única, singular; portanto, alguns consumidores gostam de falar mais, e outros preferem a discrição. O grande desafio é interagir de forma correta, de acordo com cada perfil.

A linguagem deve ser objetiva, simples, adequada e elegante. Evite termos técnicos e palavras desconhecidas pelo cliente.

Evite expressões que transmitam incertezas, tratamento íntimo, diminutivos e expressões regionais ou gírias. Por exemplo: "mano", "fala", "péra um pouquinho", "meu bem", "queridinha", "fofinha", "fala aí", "tô de boa", "tâmo junto", "tchau, tchau", entre outras.

O atendimento deve ser elegante.

O atendimento tem significativa importância e interfere diretamente nos resultados esperados pela empresa, facilitando a conquista de novos clientes, fidelizando os atuais e sendo uma sólida ferramenta de marketing.

Ressalta-se que, no passado, quando um cliente era bem atendido divulgava para seis pessoas, no máximo, e quando tinha um atendimento sem qualidade, comentava com cerca de treze pessoas. Atualmente, em função da tecnologia, esse número mudou consideravelmente. Uma crítica destrutiva pode atingir um número grande de pessoas em poucos minutos por meio das redes sociais. Portanto, a empresa que comete erros e tem atitudes inadequadas com o consumidor, logo terá dificuldades.

Atualmente, há sites nos quais os consumidores avaliam os produtos e serviços das empresas. Logo, tendo uma postura inadequada e um atendimento sem qualidade, entre outros fatores, o consumidor pode fazer uma avaliação negativa sobre como foi a sua experiência.

Transformar o cliente no seu maior admirador

O cliente precisa estar encantado com o produto ou com o serviço, com o preço e com o atendimento.

No momento em que o cliente assume o papel de admirador, ele é o primeiro que comercializará e divulgará seus produtos ou serviços. O consumidor encantado gera excelentes resultados para a empresa.

Alguns estabelecimentos comerciais fazem mil planos de melhoria para o atendimento, sem consultar aquele que realmente importa para o negócio. É necessário fazer sempre pesquisas de satisfação, a fim de averiguar as necessidades, as expectativas e os desejos dos consumidores, pois eles podem contribuir com o aperfeiçoamento do trabalho.

Ouvir é o grande segredo que fará com que a empresa prospere em sua atividade. Disponibilize um canal para o consumidor ter fácil acesso ao setor competente. Leia com critério tudo que o cliente envia de informações e reclamações. Valorize, reconheça e elogie sempre.

Exemplos de atendimento adequado e inadequado no comércio

Supermercado: operadores de caixas, seguranças, entre outros.

- Atender com um sorriso: o atendimento com o sorriso pode ser demonstrado por meio de um olhar simpático e acolhedor. Segundo o ditado popular, "os olhos são o espelho da alma", e alguns profissionais nem olham para o cliente. Atendem mexendo no celular, olhando para outras pessoas, e não direcionam um sorriso sequer. Existem funcionários que têm "cara de não", estão sempre com o semblante fechado, sem esboçar nenhum sentimento.
- Cumprimentar o cliente: "bom dia", "boa tarde" e "boa noite". Quando o profissional tem esse cuidado de cumprimentar olhando para a pessoa, percebe-se a atenção e o comprometimento do funcionário com o cliente. Muitas vezes, as pessoas estão tão envolvidas com outras atividades, que se esquecem da figura principal da empresa, o consumidor.
- Foco no cliente: é válido perguntar se o cliente localizou tudo que estava procurando. Outro detalhe fundamental é verificar se ele quer

ajuda na colocação dos produtos nas sacolas. Alguns profissionais que trabalham no caixa passam as compras, mas ignoram por completo o consumidor. Outros não esboçam nada e ainda olham como se o comprador estivesse atrapalhando.

Exemplos de atendimento adequado e inadequado no comércio

Lojas de atacado, varejo e shoppings

Alguns profissionais que atuam em lojas atendem corretamente. Cumprimentam o cliente, perguntam se precisam de algo, se o consumidor quer ajuda. Normalmente, esses profissionais não focam somente na comercialização, mas também no atendimento. A venda será a consequência do excelente contato com o cliente.

Outros funcionários ficam o tempo todo rodeando o consumidor, perguntando se já escolheu ou se quer conhecer mais alguns modelos etc. Em alguns casos, chegam até a elogiar roupas e acessórios que não ficam bem naquela pessoa, só para fechar a venda.

O importante para qualquer pessoa que atende em uma loja é encantar, mesmo que naquele momento a venda não se concretize. Quando o cliente é bem tratado, ele regressa.

Case negativo de atendimento em uma loja de roupas refinadas

Uma determinada secretária executiva de presidência organizou um grande evento para sua empresa no Teatro Municipal de São Paulo. Os gestores a escolheram para receber os convidados VIP e, então, resolveram presenteá-la com uma linda vestimenta para a ocasião.

Ela trabalhava na região da Avenida Paulista, em São Paulo/SP, e solicitou a uma amiga uma indicação de uma loja elegante no bairro dos Jardins.

Em um determinado dia, ela se dirigiu até o local para adquirir um belo vestido para o evento. Quando chegou, percebeu que havia duas vendedoras. Uma delas estava atendendo a um cliente; a outra, passando algumas peças de roupas, na lateral da loja.

A secretária perguntou se havia na loja um vestido bem bonito para um evento muito especial da sua empresa, e então a vendedora que estava passando algumas roupas respondeu: "Veja na arara as roupas com desconto." Rapidamente, a profissional disse que não estava em busca de roupas em promoção, e sim de um vestido elegante e charmoso.

Nesse momento, a secretária se deu conta que aquela vendedora estava com descaso e que a discriminou, acreditando que não teria condições de comprar uma roupa naquela loja.

A profissional de secretariado ficou irritada com aquela atitude e resolveu não comprar nessa loja. Entrou em contato com a gerência e fez uma reclamação sobre o ocorrido. Após um mês, ela soube que essa vendedora havia sido demitida.

Nesse contexto, percebe-se a falta de preparo dessa profissional de atendimento. Ela fez um julgamento errôneo sobre a futura cliente, além de discriminação. Um profissional jamais deve agir dessa forma. Todos os clientes devem ser tratados igualmente, com educação e respeito.

Portanto, é necessário treinar e orientar, com periodicidade, vendedores, atendentes, recepcionistas, caixas, seguranças, enfim, todos que atuam na área de atendimento ao cliente.

Case positivo de atendimento em uma padaria

Certo dia, uma consumidora foi até uma padaria muito famosa, no bairro da Lapa, em São Paulo/SP. Ao chegar ao local, foi atendida por uma balconista muito simpática (ela cumprimentou sorrindo). Essa pessoa queria comprar somente pães do tipo francês, mas se encantou com um tipo de pão diferente que havia no balcão. Perguntou a essa simpática funcionária se havia mais pães iguais aos que gostou. Ela não só disse que tinha, como foi buscar outras novidades para apresentar à cliente.

Ressalta-se, neste *case*, que a balconista utilizou excelentes técnicas de atendimento, pois, além de usar a simpatia, o acolhimento e o profissionalismo, foi além, e fidelizou essa cliente.

Essa consumidora voltou várias vezes nessa padaria, porque sabia que, além de produtos com qualidade, os preços eram justos e o atendimento era nota dez.

Para finalizar este capítulo, é importante enfatizar que uma empresa não sobrevive sem o cliente. Pode-se utilizar alta tecnologia, estar bem instalada, ter excelentes produtos/serviços, preços competitivos, mas tudo isso não será suficiente se o atendimento não for perfeito.

Referências

ALMEIDA, Sérgio. *Ah! Eu não acredito*. Salvador: Casa da Qualidade, 2001.

ALMEIDA, Walkiria. *Atendimento ao cliente*. Apostila (s.l; s.n). 2015. p. 37.

BAVUTTI, Carlos Eduardo. *Técnicas de vendas*: vendedor eu? por que não? São Paulo: Viena, 2006.

HENRIQUE, Luiz. *Como oferecer um bom atendimento ao cliente no comércio?* 2017. Disponível em: <http://pgbsecurity.com.br/blog/como-oferecer-um-bom-atendimento-ao-cliente-no-comercio/>. Acesso em 09 jul. 2020.

5

ATENDIMENTO AO CLIENTE EM EMPRESAS CONTÁBEIS

Neste capítulo, você poderá vislumbrar como se dá o suporte ao cliente em um escritório contábil. Verá qual é o perfil a ser considerado, as maiores armadilhas e algumas dicas importantes para obter sucesso no atendimento a esse público. Você poderá se surpreender com os pontos abordados, que, quando aplicados de forma efetiva, irão guiá-lo pelo caminho do sucesso no atendimento ao cliente.

ANDREIA ALVES

Andreia Alves

Graduada em Ciências Contábeis pelas Faculdades Integradas Campos Salles e em Secretariado Executivo Trilíngue, pela FECAP. Desenvolveu sua carreira ao longo de 25 anos, sendo 15 deles no setor privado, em empresas de médio e grande porte, nas áreas contábil, fiscal, além de atuar como secretária. Nos últimos 10 anos, é empreendedora, sendo sócia em uma empresa contábil especializada na área da saúde. Atuou como professora auxiliar na FECAP e em entidades de terceiro setor.

Contatos
andreiaconectada@gmail.com
LinkedIn: www.linkedin.com/in/andreia-contadora-a13676a1
11 97661 7307

A empresa contábil e suas nuances

Mostrar aos clientes as possibilidades que existem para gerir seus negócios de forma eficaz, por meio de instrumentos de análise numérica e outros recursos, é uma das funções do contador.

Nesse contexto, averiguar e informar os impostos e tributos que devem ser pagos ao governo apenas fazem parte do conjunto de atividades cotidianas que marcam uma atuação profissional responsável – ainda que seja perfeitamente natural que os clientes se sintam incomodados ao receber um e-mail de seu contador, e que, muito provavelmente, o primeiro pensamento seja: "lá vem bomba".

A credibilidade do contador deve situar-se na sua capacidade técnica, fundamentada por séculos de desenvolvimento, porque a atividade contábil constitui-se como uma das mais antigas do mundo. Os povos fenícios, egípcios e romanos contribuíram com técnicas que definiram e influenciaram o exercício da atividade, fazendo registros patrimoniais em papiro há mais de 3.500 anos. Os árabes deixaram obras contábeis que influenciaram o comércio em toda a Europa da Idade Média, e que acabaram chegando ao Brasil junto dos descobridores. Mais tarde, com a vinda da família real portuguesa, abriu-se o primeiro curso de contabilidade e surgiu a primeira associação de profissionais contabilistas – a Associação dos Guarda-livros da Corte, no estado de Pernambuco, que foi fundada pela figura marcante de João Lyra Tavares, um dos maiores batalhadores pelo reconhecimento do profissional contábil.

Atualmente, o exercício profissional do contador é regulamentado pelo conselho nacional e por conselhos regionais e sindicatos criados no âmbito do Decreto-lei n. 9295, de 1946. De acordo com o Conselho Federal de Contabilidade, existe um número extraordinário de empresas contábeis, representado por um contingente de mais de 510.000 profissionais registrados. Esses profissionais atendem a pessoas físicas e jurídicas de todos os tipos e tamanhos, dedicando-se às atividades contábeis em toda a sua cadeia de serviços: registro dos fatos contábeis, levantamento de números, apresentação de relatórios gerenciais, auditoria e, mais recentemente, *compliance*.

O setor contábil brasileiro experimentou as primeiras grandes mudanças com a publicação da Lei 6404/76, mais conhecida como a Lei da S/A, e com a informatização de dados. A obrigatoriedade da adoção das Normas Internacionais, a partir de 2004, e a subsequente alteração da legislação dada pela 11.638/2007, com a inclusão do fluxo de caixa nas demonstrações contábeis, transformaram o papel do contador, trazendo sua atuação para o contexto de planejamento empresarial.

Utilizar os instrumentos contábeis como ferramentas de análise financeira, auxiliando na determinação dos negócios que serão mantidos ou direcionando a empresa para a imersão em novos empreendimentos, já é de senso comum. Os empresários compreenderam que a contabilidade é um poderoso recurso para a tomada de decisão, especialmente em uma conjuntura em que a carga tributária abusiva sobrecarrega o custo operacional dos empresários, interferindo sobremaneira nos preços e, consequentemente, na competitividade.

Atendimento ao cliente em empresas contábeis

Em um contexto em que o bom atendimento deixou de ser um diferencial para se tornar uma obrigação, qualquer empresa, em qualquer ramo de atividade, torna-se um concorrente direto. Por essa razão, sobressair-se em meio a essa densa "selva" requer muito trabalho, diante do entendimento das ferramentas técnico-legais que regem a atividade do contador, e requer também muita dedicação, para tornar o atendimento ao cliente novamente um vetor de diferenciação.

Por essa razão, o conjunto de conhecimentos que determinam o campo da excelência prática deve fundamentar-se em um outro, anterior, mais profundo e de maior relevância no campo da atuação profissional: o campo dos conhecimentos e das práticas que determinam a conduta do contador, para além de sua capacidade intelectual ou técnica. Isto, inclusive, responde àqueles que, ainda na faculdade, questionam a necessidade ou a validade de se estudar disciplinas no âmbito das ciências sociais e humanas. O objetivo é formar um homem de bem e um cidadão, antes de torná-lo um profissional.

Não é difícil encontrar quem faça comentários depreciativos do tipo: "contador é um mal necessário", "é um emissor de Darfs", "toda notícia ruim vem do meu contador", "cobra muito caro para não fazer nada". E isso ocorre porque o conjunto de conhecimentos técnicos que determinam o campo da excelência prática é o principal alvo de dúvidas dos clientes. O senso comum considera que o contador deve ser capaz de interpretar os números

52 | Meu cliente subiu no telhado... E agora?

de acordo com os interesses do seu cliente. Interesses esses que, muitas vezes, podem extrapolar o limite da conduta ética e das obrigações legais.

De forma geral, contadores – e outros profissionais de serviços – que se recusam a aderir a uma atuação que fira os princípios e os valores morais trazem a impressão de que seu trabalho seja inócuo. Por essa razão, alcançar a satisfação dos clientes representa um dos maiores desafios dos profissionais na cadeia de serviços de contabilidade.

Competências

As competências técnicas e humanas devem ser levadas em consideração e com seriedade quando o assunto é atendimento.

Note-se que, quanto mais as competências estiverem desenvolvidas e alinhadas com o objetivo da empresa, maiores serão as chances de se obter um atendimento satisfatório.

Entre as competências técnicas, podemos destacar três: organização, desenvoltura e conhecimento em tecnologia. Com essas competências básicas, aliadas às competências pessoais, como bom humor, entusiasmo, flexibilidade e comprometimento com o resultado favorável, o profissional trará resultados promissores. Ele será capaz de gerir os conflitos de maneira se não tranquila, de forma que trará uma conclusão satisfatória.

Equívocos mais comuns no atendimento

Toda empresa depara-se com a possibilidade de outra ser mais habilidosa no atendimento ao cliente. Isso torna todas as organizações concorrentes diretas, ainda que não atuem no mesmo ramo de atividade. Os equívocos mais comuns no atendimento referem-se, portanto, à capacidade que as empresas desenvolvem de captar, convencer e fidelizar seu cliente, por meio do relacionamento que mantêm com eles.

Não há 100% de acertos, porque as relações humanas são falhas, mas há um desejo que se transforma em ação voluntária e interessada, a de fazer o máximo possível para atender à necessidade e à expectativa do cliente.

Porém, assim como não se dá todos os doces e brinquedos que uma criança quer, o atendimento ao cliente tem seus limites estabelecidos pelos valores, pela ética, pelas técnicas profissionais e, não menos importante, pelas leis.

Portanto, o maior equívoco sobre atendimento que uma empresa pode cometer é acreditar que, fazendo tudo que o cliente deseja ou pede – em uma clara adesão ao princípio de que os fins justificam os meios –, trará satisfação e fará com que outros potenciais clientes venham com ele.

Segue uma lista que contempla, se não todos, os mais comuns erros de atendimento no campo da contabilidade, mas que podem ser aplicados a outras áreas:

Informações imprecisas

Sempre que o cliente entrar em contato, seja por qualquer razão, não dê qualquer resposta apenas para se livrar do problema ou se não tiver certeza. Se não tiver como responder naquele momento, avise-o que buscará a solução e entrará em contato.

A opção de uma outra pessoa resolver o assunto também pode ser utilizada, mas nunca dê informações ou soluções sem base legal.

Não se importar com *feedback*

Quando ocorrer um retorno de algum cliente com informações de um atendimento não satisfatório, analise-o detalhadamente.

Números mostrados na Convecon de 2019 (Convenção dos Contabilistas) indicam que muitas pessoas abandonam o serviço contratado não por algum erro cometido, mas por não se sentirem ouvidas.

Prometa e não cumpra

Não prometa vantagens que não existem ou que ferem qualquer norma ou legislação vigente. O cliente se decepcionará, e tal atitude gerará um descredito para o seu negócio.

Seja egoísta

Não dar importância aos objetivos e às necessidades do cliente é como dar um tiro no próprio pé.

É importante pensarmos nas realizações do cliente, adotando as metas dele como prioridade. Ele precisa saber que você está interessado no sucesso dele tanto quanto no seu próprio, e não apenas em fazê-lo consumir o que você oferece.

Atendimento excepcional

Não importa se você é um contador autônomo ou um grande empresário: é tudo sobre pessoas. Balanços e impostos são partes integrantes do nosso dia a dia. Para o seu atendimento ser excepcional, foque nas pessoas com as quais está lidando. Observe, também, que tipo de experiência você quer que elas tenham quando escolhem a sua empresa, entre tantas no mercado.

Se você conhece o seu público-alvo, será capaz de dar o que ele precisa quando ele deseja. Por esse motivo, é importante conhecer o empresário que fechou a parceria com a sua empresa. Ele é o empresário que lhe contratou, mas também uma pessoa com necessidades a serem atendidas e que, muitas vezes, nem sabe quais são elas. Saia do básico, pois isso é o que ele já está esperando.

Alguns pontos a serem considerados no atendimento:

- Agilidade:
- O tempo tem sido um dos bens mais preciosos em nosso mundo moderno. Quando um cliente telefona com algum ponto a ser discutido ou solucionado, ele espera que seja rápido, porque quer "se livrar" daquele item e ir para o próximo. Lembrando que ser ágil não nos exime da precisão. Não se pode dar qualquer resposta ao cliente, e sim a melhor, com eficácia e sempre norteado pela legislação vigente.
- Disponibilidade:
- Depois de fechar contrato com um cliente novo, as tratativas com ele devem ter o mesmo grau de atenção, ou maior que a dada no período de negociação. O cliente precisa saber que você estará sempre à disposição.
- Proatividade:
- Antecipar os problemas ou as necessidades de seu cliente, assim podendo propor mudanças benéficas, é uma característica importante nesse meio. Para ser eficiente nesse quesito, é primordial estar sempre atualizado, pois a legislação brasileira está em constante mudança, e o profissional que sai na frente tem mais chances de ter sucesso.

Citando um exemplo prático de uma empresa contábil que viveu isso "na pele" em 2016. A Prefeitura de São Paulo mudou a forma como entendiam a legislação, e várias empresas que gozavam de determinado benefício deixariam de tê-lo, a menos que fizessem uma mudança contratual.

Essa empresa estava atualizada quanto à postura da prefeitura e, para mostrar aos clientes a situação à qual estariam expostos, teve um árduo e prazeroso trabalho. Em universo de 300 clientes, dois optaram por um novo contador, mas os que ficaram se sentiram felizes, porque entenderam realmente o problema que vivenciariam e perceberam que o seu contador trabalhou como parceiro, propondo soluções antecipadas.

Nessa história, foi possível estabelecer uma relação de confiança em um momento de crise. Obviamente que foram proativos e propuseram as soluções com antecedência, dando tempo para o cliente refletir.

Quando o empresário contrata uma empresa para cuidar de sua gestão contábil, deposita nela a sua confiança e espera que suas expectativas sejam atendidas. Não quer surpresas desagradáveis nem imperícia por parte do contador.

Inteligência emocional

Inteligência emocional é um conceito da Psicologia que descreve a capacidade de reconhecer e avaliar os seus próprios sentimentos e os dos outros, assim como a capacidade de lidar com eles.

O cliente pode lhe contatar apenas para pedir aconselhamento sobre um assunto do dia a dia, e você pode estar ocupado demais e pensando que poderia atendê-lo mais tarde. Não faça isso. Não dê espaço para ele consultar outro profissional.

Mas ele também pode ligar irritado, com algum assunto sério para resolver, e você será a pessoa que vai receber toda sua raiva. Não leve para o lado pessoal. A irritação dele é com o problema, não com você. Algumas vezes, ao citar um exemplo pessoal na conversa, mostra que você também já passou por isso. Não é fácil, mas oferecer palavras de consolo nesse momento e até mesmo acalmá-lo são estratégias poderosas.

O que faz você levantar da cama?

Ter paixão pelo que faz é um ponto muito importante. Pergunte-se: "Qual a minha motivação para levantar pela manhã e ir ao trabalho? Por que escolhi fazer isso?" Acredito que, se a resposta foi fácil e lhe agrada, você já está no caminho certo.

Tenha como objetivo mostrar ao seu cliente que ele é único e especial, e que suas demandas serão tratadas de maneira individual e personalizada.

Certa vez, ouvi um conselho muito importante: todo mundo se lembra de quem o ajudou a resolver um problema.

Independentemente do ramo de atividade em que atua, um item muito importante é conhecer as dores e as necessidades do seu público-alvo. Dessa forma, é possível tentar antecipar alguns problemas e propor soluções. Ser um contador consultor é essencial.

Ter sucesso no atendimento é uma questão de querer e agir.

Seja empático, busque compreender e se identificar com a outra pessoa. Imagine se fosse com você: como gostaria que esse assunto fosse resolvido? Esteja pronto e aplicado ao resolver problemas e propor soluções.

Seja transparente e honesto, nada de meias-verdades. Se algo proposto ao cliente acabou não saindo da maneira prevista, mostre a ele os motivos.

Seja feliz. O mundo corporativo precisa de pessoas que tenham prazer em ajudar, que atendam ao telefone com sorriso nos lábios e se sintam gratas por poder realizar o seu trabalho com maestria.

Referências

CFC. Conselho Federal de Contabilidade. Disponível em: <www.cfc..org.br>. Acesso em 18 de dez. 2020.

SO Contabilidade. Disponível em: <www.socontabilidade.com.br/conteudo/historia_contabilidade.php>. Acesso em 18 de dez. 2020.

6

CONSULTORIAS DIVERSAS, INCLUINDO A SECRETARIAL

Trabalhar com uma consultoria pode ser a melhor solução para qualquer negócio, e em qualquer momento. Seja para crescer ou investir, seja para colocar em ordem sua empresa, para sobreviver a problemas e crises, e até para se manter competitivo no mercado. Neste capítulo, será abordado o conceito de consultoria, como ela funciona, o que esperar de um profissional consultor, quais os tipos de consultoria existentes (incluindo a consultoria secretarial) e as vantagens de contratar esse serviço.

MARCELA HOSNE ARDITO

Marcela Hosne Ardito

Carreira de mais de 22 anos desenvolvida na área de secretariado. Expressiva experiência em assessorar executivos e em atuar em empresas nacionais e internacionais de médio e grande porte, e em liderança na área administrativa. Foco em organização das rotinas administrativas, elaboração de relatórios, redação de documentos diversos, controle de agendas, planejamento de viagens, eventos e reuniões. E grande experiência na coordenação e no treinamento de equipes de secretariado e *facilities*. Graduada em Secretariado Executivo Trilíngue pela Fecap (2005) e em Pedagogia pela Unisantanna (2007); pós-graduada em Gestão Estratégica pela Unisal (2011) e em Formação de Docentes em Administração pela FEA-USP (2014); MBA em Gestão de Pessoas pela FMU em 2019. Participante do COINS – Congresso Internacional de Secretariado – em 2013 e em 2015. Em 2017, foi a organizadora do evento. Coautora do livro *O futuro do secretariado: educação e profissionalismo* (Editora Literare Books International, 2019).

Contatos
marcela.hosne31@gmail.com
Instagram: @marcela.hosne31
LinkedIn: www.linkedin.com/in/marcela-hosne-ardito-89781a29/
11 99993 3302

Você pode sonhar, projetar, criar e construir o lugar mais maravilhoso do mundo. Mas precisará de pessoas para tornar este sonho em realidade.

Walt Disney

Consultoria é um serviço que visa trazer soluções e ideias para os clientes. Tem a finalidade de levantar as necessidades dos clientes, por meio de diagnósticos e processos, identificar soluções e, então, recomendar ações de melhoria.

Depois de todas as informações reunidas, o consultor desenvolve, implanta e viabiliza o projeto, com a finalidade de aprimorar as práticas já executadas pelo cliente e, por consequência, ajudar nas tomadas de decisões.

Mas, afinal, qual o serviço que a consultoria executa? Qual seria a definição deste profissional consultor? Quais segmentos de consultoria existem? E quais as vantagens de se contratar uma consultoria?

Antes de mais nada, é preciso voltar ao conceito do que é consultoria, para seguir na explicação da definição do que é ser um consultor.

Abaixo, um quadro em que Solange Giorni traz, em seu livro, alguns conceitos sobre consultoria.

Consultoria é:
"[…] o ato de um cliente fornecer e solicitar pareceres, opiniões e estudos a um especialista contratado, para que esse auxílio, apoie e oriente o trabalho administrativo."
"[…] o fornecimento de determinada prestação de serviço, em geral por meio de profissional muito qualificado e conhecedor do tema, provido de remuneração por hora ou por projeto, para um determinado cliente."

> "[...] vista como um dos meios que os empresários podem utilizar para obterem a melhoria dos processos, a diminuição dos custos e as alternativas de otimização dos recursos materiais e humanos."

> "[...] um ato de amor: o desejo de ser genuinamente útil a outros. Usar o que sabemos, ou sentimos, ou sofremos no caminho para diminuir a carga dos outros."

> "[...] um processo interativo executado por uma ou mais pessoas, independentes e externas ao problema em análise, com o objetivo de fornecer aos executivos da empresa (cliente) um ou mais conjuntos de opções de mudanças que proporcionem a tomada de decisão mais adequada ao atendimento das necessidades da Organização."

Fonte: GIORNI, Solange. Consultoria – um pilar do Secretariado: conceitos, comentários e abordagem prática. Belo Horizonte: Editora Quantum Projetos, 2019.

Com esses conceitos explanados, está definido que consultoria é uma prática em que o consultor, especialista em um determinado assunto, vai até a empresa para solucionar problemas, alavancar vendas e ajustar a governança da empresa, após a realização de uma pesquisa profunda sobre este cliente e suas necessidades.

E como funciona?

Toda companhia, seja qual for o seu porte, pode contratar uma consultoria para melhorar os seus resultados.

O trabalho dessa consultoria está ligado às necessidades do cliente. Por esse motivo, o que irá determinar como se dará o atendimento são os objetivos que o cliente quer alcançar, o resultado que quer atingir. Por isso, é essencial que, antes de contratar esse serviço, os responsáveis pela empresa compreendam a realidade que estão vivendo e o que esperam para o futuro da empresa.

O processo consiste em várias reuniões, nas quais o consultor ouve o cliente e, a partir das necessidades apresentadas, troca com ele conhecimentos e ideias relevantes. Lembrando que tudo é feito conforme a necessidade específica do cliente.

Durante as reuniões, é solicitado ao cliente dados que o consultor considera importantes para dar o parecer sobre o negócio. Relatórios, documentos e análises podem ser necessários durante a pesquisa de consultoria.

Além disso, os encontros seguem um planejamento: é estabelecido um cronograma inicial e *touchpoints* são agendados para passar ao cliente os resultados obtidos.

Durante todo o projeto, a função do consultor é a de orientar o gestor na tomada de decisão, trazendo conhecimentos e ideias que possam ajudar a empresa.

Como a consultoria visa alcançar um objetivo, o resultado só é percebido no término do trabalho; e o sucesso da implementação e seus resultados vêm de um trabalho conjunto entre o time de consultoria e o time do cliente.

O que esperar de um consultor?

Consultor é o profissional que vai detectar os prováveis problemas e vai orientar o cliente, após o diagnóstico.

Ele não atende somente a pessoas ou a empresas com algum tipo de problema, seja ele de gestão, seja financeiro, mas também ajuda a manter, com qualidade, os processos que já caminham bem.

Pode ser contratado, por exemplo, para ajudar a controlar e a planejar as finanças ou pode atuar na companhia e na tomada de decisões.

Como se tornar um consultor?

Para ser um consultor, o profissional precisa ter conhecimento e habilidades na área em que vai atuar. Necessita, sobretudo, de postura ética e capacidade analítica.

Pode-se dizer que existem dois tipos de consultores:

- **Internos:** profissionais da própria empresa;
- **Externos:** profissionais que são contratados pela empresa, de uma consultoria externa.

Independentemente de qual tipo seja, o consultor precisa compreender as estratégias e os objetivos da área para depois coletar todos os dados para um diagnóstico.

Com todas essas informações na mão, como já foi dito, e com todos os alinhamentos prévios com a empresa para a qual o consultor foi contratado, ele será capaz de implementar processos de acordo com as suas políticas.

Tipos de consultoria

Conforme mencionado, consultoria é um serviço prestado que visa o diagnóstico e a sugestão de soluções sobre um determinado assunto ou setor.

Assim sendo, é possível dizer que os tipos de consultoria podem variar de acordo com a área que necessite dessa solução.

O que vai definir a área na qual o profissional irá atuar é a definição da necessidade do cliente, que será influenciada pela situação atual do negócio.

Seguem alguns tipos de consultoria:

Consultoria de gestão empresarial

O objetivo é focar nas melhorias que podem ser concretizadas no futuro, para que a empresa qualifique seus resultados e experimente um bom crescimento sustentável. Os consultores podem atuar em diversas áreas, como logística, recursos humanos, finanças e gestão, marketing, jurídica e outras.

Consultoria de finanças

O objetivo é analisar, planejar e traçar estratégicas financeiras, buscando soluções para o cliente alcançar os seus objetivos financeiros.

Consultoria de marketing

O foco é o relacionamento da empresa com o seu mercado. O cliente, ao contratar um consultor de marketing, espera que esse posicionamento da sua marca em meio ao mercado melhore a comunicação e o marketing da empresa. O trabalho é feito por meio da gestão do relacionamento com fornecedores, parceiros, clientes e colaboradores.

Consultoria de recursos humanos

Essa consultoria tem a decisão de avaliar todo o quadro de funcionários de uma empresa e analisar as práticas já implementadas, com a finalidade de sugerir novas alternativas para os processos que não estão caminhando bem.

Consultoria em secretariado

O consultor precisará utilizar conhecimentos técnicos para entender bem a empresa (ou, neste caso, uma pessoa física), estudar a área de atuação e a sua rotina, para, após o diagnóstico, avaliar as possibilidades de atuação junto à empresa/pessoa, oferecendo-lhe melhor direcionamento.

Ao longo dos anos, o profissional de secretariado foi agregando novas tarefas ao seu dia a dia, pois as corporações foram exigindo cada vez mais um assessor multidisciplinar. E uma das atribuições que vêm sendo agregadas ao currículo secretarial é a consultoria.

Segundo Neiva e D'Elia (2009, p. 6):

> o Secretário Executivo trabalha atualmente como agente de resultados, agente facilitador, agente de qualidade e agente de mudanças.

Na mesma linha, contribuem Portela e Schumacher (2006, p. 5):

> [...] nos últimos tempos, o conceito de secretário mudou claramente: ele passou a ser o assistente (staff) a ponto de conseguir até assumir com credibilidade algumas responsabilidades da alta direção da organização.

O assessor executivo é o responsável por várias atividades organizacionais, desde as atividades mais rotineiras, como organizar reuniões, viagens e agenda, até as mais elaboradas, como assessorar projetos, apresentar relatórios e pareceres, representar o executivo em negociações e eventos, e quando é acionado para articular e incrementar inovações nas atividades gerenciais.

> É evidente que ela continue com suas clássicas funções de arquivamento, digitação, expedição, follow-up, correspondência, atendimento e recepção. (NEIVA & D'ELIA, 2009, p. 33)

Os secretários de pequenas e médias empresas trabalham atendendo a vários executivos ao mesmo tempo, e assumem muitas responsabilidades administrativas, financeiras e comerciais. O executivo espera que o secretário pense no problema antes mesmo de ele ocorrer, e que esteja pronto para as soluções.

Vantagens e desvantagens

Ao contratar uma consultoria, é importante saber de todas as vantagens e desvantagens dessa contratação, antes de iniciar qualquer projeto.

Vantagens
1. Olhar externo e crítico: importante para perceber detalhes que muitas vezes passam despercebidos.
2. É importante a troca de conhecimentos entre o consultor e a empresa – fazendo com que tenham maior competência para executar as atividades.
3. Atualização de processos e práticas de gestão, para que a companhia consiga crescer.
4. Suporte para as tomadas de decisões estratégicas, táticas e operacionais, fazendo crescer as chances de sucesso.

> **Desvantagens**
>
> 1. O mesmo olhar externo pode causar desconforto na equipe interna. Por não fazer parte da equipe interna, o consultor pode demonstrar desalinhamento em relação a algumas políticas internas, causando certo incômodo.
>
> 2. Ter cuidado com as expectativas não realistas. Precisa ter cuidado, ao contratar uma consultoria, com os resultados dessa ajuda externa, para não desenvolver expectativas irreais.
>
> 3. Custos maiores. Ao recorrer à contratação de um serviço de consultoria, os custos são mais elevados, quando comparado à tentativa interna de solução de problemas.

Conclusão

O serviço de uma consultoria é sempre bem-vindo, seja para uma pessoa física, seja para uma empresa.

Quando o cliente reconhece os seus pontos fracos e tem os seus objetivos claros, fica mais fácil dar um norte ao consultor, que irá fazer o diagnóstico e, então, propor mudanças de comportamentos e atitudes.

O grande diferencial de um consultor é que, com a sua experiência, consegue ver algo não percebido antes pela companhia, e isso é uma grande oportunidade, tanto de reforçar pontos fortes quanto de ampliar a competitividade e se tornar mais bem preparado para fazer frente à concorrência.

Referências

GIORNI, Solange. *Consultoria – um pilar do Secretariado: conceitos, comentários e abordagem prática.* Belo Horizonte: Editora Quantum Projetos, 2019.

NEIVA, Edméa Garcia; D'ELIA, Maria Elizabete Silva. *As novas competências do profissional de secretariado.* São Paulo: Editora IOB, 2009.

NETO, Jorge Secaf. *As vantagens e desvantagens de uma consultoria externa para a sua empresa.* Disponível em: <https://www.setting.com.br/blog/consultoria/consultoria-externa-vantagens-desvantagens/>. Acesso em 18 dez. de 2020.

PORTELA, Keyla Christina Almeida; SCHUMACHER, Alexandre José. *Ferramentas do Secretário Executivo.* Santa Cruz do Rio Pardo: Editora Viena, 2006.

SBCoaching. Disponível em: <https://www.sbcoaching.com.br/blog/consultoria-empresarial/>. Acesso em 18 dez. de 2020.

TARALLO, Sandra. *Consultoria na área secretarial.* Disponível em: <http://executivanewsrevistadigital.com/consultoria-na-area-secretarial-executiva--news-20a-edicao-sandra-tarallo/>. Acesso em 18 de dez. de 2020.

ZANON, Claudia Regina, SILVA, Gislane Cristina, CARVALHO, Viviane Oliveira e GOMES, Cidália. *A secretária como prestadora de serviços.* Disponível em: <https://biblioteca.univap.br/dados/INIC/cd/inic/IC6%20anais/IC6-60.PDF>. Acesso em 18 de dez. 2020.

7

ATENDIMENTO AO CLIENTE EM SALÕES DE BELEZA E DE ESTÉTICA

Entender exatamente o que alguém deseja, o que procura, o que se encaixa em sua vida pessoal e profissional, o que atende aos seus anseios e às suas necessidades não é tarefa fácil. Afinal, estamos lidando com o ser humano, que busca, na estética, a realização de um sonho. Segue, aqui, um roteiro para se ter por fundamento, como uma forma de alcançar o objetivo, de atingir, de maneira mais assertiva, o que busca o cliente que recorre ao mundo da beleza e da estética. Aos leitores, dicas de como fidelizar e conquistar clientes nessas mesmas áreas.

SIMONE FERNANDES DIORIO RODRIGUES

Simone Fernandes Diorio Rodrigues

Atua como *hair designer* e maquiadora há 20 anos. Especialista em penteados e maquiagens e referência em cabelos curtos na cidade de Guarulhos. Lançou seu primeiro livro, *Divã de uma Cabeleireira*, em 2018. O livro relata suas experiências com seus(suas) clientes ao longo de sua carreira profissional. Simone alcançou notoriedade, ganhou destaque em revistas da cidade onde mora e trabalha e obteve o 5º lugar na 2ª edição do Prêmio Guarulhos de Literatura. Participou de diversos programas de tv e rádio. Realiza palestras motivacionais para grupos de mulheres, levando uma mensagem de autoajuda e de conhecimento pessoal, incentivando pessoas a confiarem em si mesmas e a acreditarem em seus sonhos.

Contatos
simonefdiorio@gmail.com
Instagram: @simonerodrigues_makehair
Facebook: Simone Fernandes Rodrigues
WhatsApp: 11 97351 2637

É preciso saber ouvir as pessoas, porque apenas assim temos a
capacidade de entender seus dilemas.
(Fernando Rodolfo)

Toque do Rei Midas

Vocês conhecem a história do Rei Midas? Vou contar em breves linhas a sua história. Midas foi um personagem da mitologia grega, rei da Frígia. Ele vivia em seu castelo, com a sua filha. Embora possuísse muitas riquezas, era muito apegado ao ouro, tanto, que uma de suas distrações era contar moedas de ouro.

Certa vez, Baco, deus do vinho, deu falta de Selênio, seu mestre e pai de criação, durante um passeio, e que foi encontrado por alguns camponeses que o encaminharam a Midas, que o reconheceu e o conservou em sua companhia por uns dez dias. No 13º dia, entregou-o ileso a seu pupilo e filho, Baco, que lhe ofereceu o direito de escolher a recompensa que quisesse.

Midas pediu, então, que lhe fosse possível transformar em ouro tudo que tocasse.

Voltou para casa deslumbrado, pois tudo que tocara durante a viagem virara ouro. Todavia, logo se arrependeu do pedido, pois, desde a comida e a bebida até a sua filha, tudo se transformou em ouro. Arrependido, implorou a Baco que lhe retirasse o dom. Foi aconselhado, então, a mergulhar tudo que se transformara em ouro na água corrente. Assim o fizera, e tudo voltou ao seu estado primitivo, inclusive sua filha.

Relatei o mito de Midas porque é isso que o(a) cliente espera do profissional: um toque "de ouro" ou "um toque mágico" para resolver seus problemas. Acredita que você será a solução para os seus dilemas com a sua aparência, especialmente quando ele se vir diante de um espelho. É a cor dos cabelos que não está agradando, o corte que não está de acordo com a nova tendência, a gordura localizada ou o visual que não estão a contento.

Cada cliente imagina que você, com suas habilidades, o(a) transformará e o(a) deixará com a aparência de sucesso que ele(a) projetou.

Nem sempre isso é possível! E aí surge um grande problema, porque as pessoas idealizam uma imagem que nem sempre vai combinar com as características que ela possui. No caso da estética, o tipo físico, os hábitos de alimentação e os exercícios serão fundamentais para que isso seja alcançado, sem contar no tempo hábil que será exigido para essa "construção".

No entanto, vamos falar de cabelos. Você pode pensar que os cabelos são algo mais fácil, de resultados visíveis e imediatos. Engana-se, já que é um processo muito complexo! Toda mudança vai depender de uma análise: a da saúde desses cabelos, da etnia dessa pessoa, de sua textura, da sua cor natural ou cosmética, de químicas já realizadas, e por aí vai... Não é raro uma pessoa de cabelos afros procurar um estilo de cabelos que é ideal para cabelos lisos, ou uma mulher de cabelos de uma tonalidade escura querer ficar com um loiro platinado, que ela viu em uma determinada atriz (isso é um filme de terror para qualquer profissional). E vai caber a esse profissional avaliar e convencer seu(sua) cliente de que aquele visual vai ou não dar certo para ele(a). Uma tarefa às vezes difícil, porque nem todas as pessoas levam em conta a opinião do profissional, uma vez que querem ficar com o visual idealizado a qualquer custo. Por isso, devemos tentar convencer esse(a) cliente, explicando todos os riscos, levando em consideração a ética, tendo o cuidado de expor as suas razões com propriedade, sem ofender a pessoa. A responsabilidade pelo resultado sempre será do profissional que foi escolhido para essa realização. Dê ele certo ou não!

"Psicólogo genérico"

A cadeira do cabeleireiro, da manicure, e a maca da esteticista muitas vezes são feitos de divãs ou confessionários. E, na hora de atender ao(à) cliente que está estressado(a), irritado(a) ou com baixa autoestima, o "psicólogo genérico" entra em ação!

A mulher que está chateada por ter brigado com o marido e, sendo loira, no calor das emoções, quer se tornar morena! Qual deverá ser a solução?

Que delicada essa situação!

O melhor que se tem a fazer é deixar o(a) cliente desabafar, ser o ouvido e o ombro consoladores.

Nesse momento, nosso atendimento há de ser mais humano. Frequentemente, o que mais falta no mercado é um profissional que pare por um minuto para dar atenção a essa pessoa, porque tudo é muito automático, tudo gira em torno do "tempo é dinheiro". Contudo, afirmo com propriedade que, muitas vezes, um vínculo de amizade é o que mais fideliza o(o) seu(sua) cliente.

A confiança, o respeito! Não que você não deva dar palpites e opiniões na vida de seus(suas) clientes; contudo, devem estar dentro dos limites do respeito e da confiança que alicerçam esse vínculo. Todavia, há de ser sensível ao estado emocional dessa pessoa quando o assunto exigir mudanças, principalmente uma mudança radical.

E quanto mais você conhecer seu(sua) cliente, melhor para você.

Depois de ser o ouvido, entra o profissional aconselhando, talvez, apenas uma escova ou uma hidratação, e, em um momento mais calmo, realizando a mudança de visual, seja com um corte mais moderno, seja com uma coloração diferente da habitual. Muitas vezes, as pessoas não têm convicção do que querem, agem por impulso (principalmente as mulheres), e é imprescindível que o profissional tenha sensibilidade para conduzir a situação. Quando sou procurada pela primeira vez, faço praticamente uma entrevista com essa pessoa. Começo perguntando: quem era responsável por cuidar de seus cabelos anteriormente? Por que resolveu procurar por outro profissional? O que deseja? Quais são suas expectativas? Com o que trabalha? O que gosta de fazer? Solteira, casada? Com filhos? Tem tempo para cuidar dos cabelos? Só, então, depois de todas essas indagações, consigo analisar o que fazer com o visual da pessoa.

Pode parecer bobagem tudo isso, no entanto, pelas respostas dadas, você terá uma diretriz melhor sobre como proceder.

Depois disso, pode-se fazer uma análise capilar quanto ao que está a nosso alcance para realizar o desejo daquela pessoa. Para a construção de uma "identidade" para esses cabelos, precisa-se, antes de tudo, verificar as condições em que esses cabelos se encontram.

Visagismo: uma santa ferramenta!

Você já ouviu falar? Sabe o que significa? Afinal, o que é *visagismo*?

O *visagismo* é a criação de uma imagem pessoal personalizada. A palavra é a tradução de *visagisme*, derivada de *visage*, cujo significado, em francês, é "rosto". O *visagismo* é a arte de criar uma imagem pessoal, a fim de realçar ainda mais a beleza interior e, em consequência, a exterior.

Claude Juillard foi o criador desse método. Essa metodologia tem sido muito usada e é de muita utilidade para muitos profissionais em todo o mundo.

O interessante, na técnica do *visagismo*, é que ela não se limita a uma análise estética. Ele também estuda o que é funcional para uma personalidade e um tipo físico, o que nos ajuda a definir qual visual (tipo de corte, cor etc.) será adequado para determinada pessoa. Isso funciona tanto para nós, cabeleireiros, como para os profissionais que trabalham com consultoria de imagem.

Seus cabelos, suas roupas dizem tudo sobre quem você é.

E, com essa ferramenta e com esse conhecimento em mãos, você se tornará um profissional muito mais capacitado e assertivo na construção do visual de um(a) cliente.

Conversa ao pé do ouvido

E quando a cliente chega só para desabafar?

Muitas mulheres marcam horário para tratar os cabelos ou fazer as unhas, não só para ter um cuidado pessoal e um momento para relaxar, mas, sobretudo, para desabafar: falar de suas tristezas, suas desavenças, enfim, todo tipo de problema, porque, a partir do momento em que ela se entrega a você para ser cuidada, isso gera confiança, e onde existe a confiança, as pessoas se sentem aptas para se abrir e falar de suas vidas.

Muitas vezes, as pessoas querem sua atenção, ter ouvidos que as ouçam, encontrar um ombro amigo mais que somente seu trabalho. Como já relatado anteriormente, passamos, desse modo, a exercer a função número 2, a de "psicólogo".

E cabe a nós, mais que nunca, uma regra básica: **a ética**. Respeito, educação e atenção fazem parte do bom atendimento, ou seja, ouvir e fazer com que o assunto morra ali, não repassando para outros, a fim de não viralizar e se transformar em fofoca no ambiente de trabalho, pois pega muito mal como profissional e como pessoa.

Conheça todas as teorias, domine todas as técnicas, mas, ao tocar uma alma humana, seja apenas outra alma humana.
(Carl Jung)

Antes de ser um profissional, você é um ser humano cuidando de um semelhante.

Nunca devemos nos esquecer de que o(a) cliente, muitas vezes, veio para desabar, mas não para ouvir os nossos problemas domésticos ou de relacionamento com nossos colegas de trabalho. O cliente veio para um momento de descontração, e não para se estressar mais com os nossos assuntos. Podemos até fazer alguns comentários, com alguma experiência semelhante vivida, dependendo do contexto da conversa, mas não devemos expor nossos problemas para os(as) nossos(as) clientes. Tentemos manter o foco da conversa, falando em moda, beleza ou saúde; e **nunca** falando mal do lugar em que você trabalha, de seus colegas ou de outro(a) cliente.

Quando você fala mal de alguém, está falando mal de si mesmo.
(Crasso Santiago)

Na ponta do lápis:

- Seja sempre transparente com seus clientes;
- Seja amigável, receba bem;
- Torne os momentos no salão sempre agradáveis, com um cafezinho, um entretenimento;
- Chame seu(sua) cliente pelo nome! Esqueceu? Olhe na agenda para relembrar;
- Tenha um bom relacionamento com seu(sua) cliente; procure se inteirar sobre os assuntos de seu interesse;
- Evite falhas simples, como atrasos; se o(a) cliente não puder esperar, remarque o horário, para uma data boa para ele(a);
- Estude! Esteja antenado para ser referência, mantenha seu(sua) cliente atualizado(a) sobre as tendências do seu segmento;
- Seja atencioso, obtenha informações sobre a data de seu aniversário, ligue quando a frequência no salão diminuir, procure saber a causa, sem ser invasivo;
- Mantenha sempre a discrição;
- Não fale demais, deixe que o cliente guie a conversa. Saiba respeitar se a pessoa for mais calada;
- Seja você! As pessoas procurarão por você pela excelência do seu trabalho, mas também pela pessoa que você é!

Tesoura, pente e navalha, o fio da meada...

Um bom profissional, para exercer com perfeição a sua atividade, necessita de ferramentas ideais. Mas será que só bons instrumentos nos trazem diferenciais? Hoje, com um mercado tão variado, saturado e tão competitivo, precisamos nos destacar! E o atendimento personalizado ao cliente pode ser esse diferencial, e o pilar para o sucesso.

"A primeira impressão é a que fica." Com certeza, você já ouviu ou utilizou essa frase tão conhecida. Poucas coisas são tão certas quanto esse ditado popular. Acredito que ela se aplica também ao mundo corporativo. Portanto, quando formos prestar um serviço, precisaremos estar atentos aos detalhes, a fim de melhor atender a cada pessoa.

Liberte-se de velhos padrões para demonstrar autoridade ou conhecimento. Ganhe a confiança de seu(sua) cliente sendo claro, tranquilo e objetivo. Não se expresse usando palavras difíceis ou termos técnicos sobre o seu produto ou o seu serviço, ou seja, o cliente o procurou porque acredita que você é o profissional que merece a sua confiança. Demonstre que você é digno(a) dessa confiança, usando toda a atenção e o carisma aliados ao conhecimento e aos resultados e terá, com certeza, um(a) cliente que ficará com você por muito tempo. E falará bem de você e de seu trabalho e, melhor, o indicará para muitas outras pessoas.

8

LIVRO, RELACIONAMENTO E EXPERIÊNCIA: A TRÍADE DAS LIVRARIAS

Digital ou e-book; venda direta ou *e-commerce*; única ou de rede; não importa. Livrarias são o acesso ao conhecimento que conectam o passado ao presente e intencionam o futuro. Este capítulo discorre sobre como obter excelência em atendimento neste nicho de mercado.

TAÍS FAGUNDES

Taís Fagundes

Secretária executiva trilíngue, graduada pela Universidade Luterana do Brasil, e pós-graduada em Administração de Pessoas (IERGS). Realizou o programa de desenvolvimento profissional *Leadership Communication*, pela Harvard University (2019). Possui certificação internacional ACEA™: *Advanced Certificate for the Executive Assistant* – BMTG (UK). Assessora executivos na AGCO do Brasil, multinacional e líder global em soluções agrícolas. Participa, no Rio Grande do Sul, de grupos que visam a ascensão da profissão, e realiza palestras, treinamentos e *workshops* nas temáticas de comunicação, idiomas, aspectos culturais e melhores práticas aplicadas ao profissional de secretariado.

Contatos
www.taisfagundes.com
hola@taisfagundes.com
Instagram: @tf.taisfagundes
LinkedIn: www.linkedin.com/in/taisfagundes

Entenda, livrarias são sonhos feitos de madeira e papel. São viagens no tempo e fuga, conhecimento e poder. São simplesmente os melhores lugares. (Jen Campbell)

Livrarias são redutos de conhecimento centrado. Um espaço que remete prontamente a histórias. Há aquelas cujo ambiente acolhedor traz consigo um aconchego e um convite para sentar e apreciar o momento. Há, também, as de grande porte, com tantas estantes, que o campo visual fica maravilhado, nas quais se encontram todos os títulos cabíveis na imaginação. Um novo universo à disposição.

O livro faz parte do cotidiano desde os tempos mais primórdios. É uma das formas de transmissão de saberes, com origem nas conexões analógicas, de herança para as gerações futuras. A atualidade traz consigo um encontro com o imediatismo, com a comunicação instantânea e com o acesso à informação massiva. Com o advento da tecnologia, um novo mercado surgiu, e os e-books, em vez de obterem um local na estante, agora fazem parte de alguma nuvem por aí.

Vive-se na era da conectividade permanente, e o e-book chegou reforçando essa facilidade. Não importa onde esteja, abra seu *reader* e inicie a jornada pela leitura. O digital destaca-se pela sustentabilidade e pela diminuição do acúmulo de livros em estantes ao longo dos anos, e possibilita a compra de um produto com custo menor, devido à diminuição no valor da produção impressa e na logística.

Ainda hoje, há aqueles que preferem o livro físico. O folhear das páginas, a sensação tátil, o cheiro do manuscrito e a oportunidade de escrever ideias de próprio punho, ou destacar as passagens com as quais mais se identificam, reforçam o gosto pelo manual. É um ritual sensorial diferente do que a leitura em tela proporciona.

Percebe-se que há consumidores para ambos os produtos, seja livro físico ou e-book, e as livrarias se reinventam, pois quem é apaixonado por livros acaba se tornando um apaixonado por livrarias, mantendo a vida desses estabelecimentos como algo latente, ativo.

Não é à toa que há uma lista de livrarias que se destacam como as mais lindas e interessantes do mundo. Tornaram-se ponto turístico que surpreendem, mesmo para aqueles não aficionados por leitura.

Destacam-se a El Ateneo Grand Splendid, em Buenos Aires, Argentina, que já funcionou como teatro e, no início dos anos 2000, foi convertida em loja de livros e de músicas, local que reúne uma história singular, pois já foi palco de grandes artistas da história do tango, e mantém suas características originais ainda intactas; e a Shakespeare & Company, localizada na Rue de la Bûcherie, em Paris, que proporciona altas doses de inspiração, em meio às prateleiras recheadas de livros – essa livraria foi ponto de encontro de escritores como James Joyce e é uma referência histórica e cultural da França e do mundo.

Seja por onde os pés caminharem, ou a sua mente passear, há significativas livrarias que vão além do ato de vender livro: existe a entrega de um propósito. Trata-se de uma referência local e social, que proporciona uma sensação de encontrar um passado que não se viveu, mas que está lá, ecoando vivo.

No contexto brasileiro, há notáveis estabelecimentos que se destacam pela paixão em vender livros. Na Avenida Paulista, em São Paulo/SP, encontra-se a livraria Martins Fontes. No mercado desde 1960, possui uma grande variedade de títulos. Já no sul do Brasil, na cidade serrana de São Francisco de Paula/RS, está a livraria Miragem; seu acervo é distribuído em três andares e um sótão. O espaço respira história e mantém um passado vivaz, que a evolução das cidades insiste em extinguir.

Seja de caráter singular, seja em redes, o Brasil possui livrarias que distribuem conteúdo por meio de lojas físicas e e-commerce. São espaços que reúnem ricos acervos em literatura e produtos, como papelaria, música, filmes, jogos, entre outros.

As lojas físicas têm como foco a venda dos livros em mãos, e essa busca pode se tornar interessante ou incômoda, dependendo da forma de abordagem de quem atende. Nada mais inconveniente, ao chegar ao estabelecimento, que sentir pressão ou ser tratado de maneira indiferente. O cliente busca espaço, porém também espera ter um ponto de referência quando for precisar de auxílio na busca por um título.

Atender é servir, e aqueles que captam essa premissa tornam agradável e única qualquer experiência. O operador de loja tem como principal papel ser um facilitador, e os colaboradores que entendem essa proposição tornam tudo mais leve. Percebe-se que há algumas importantes características na excelência em atendimento:

Amabilidade

Ser amável é respeitar o espaço do outro, demonstrando gentileza. O povo mexicano é referência em bem receber. Eles são ensinados desde pequenos a serem ternos com o próximo.

Disposição

Ter energia e disponibilidade em auxiliar o cliente. Seja consultando os títulos solicitados, sugerindo novas obras e interagindo no momento.

Transparência

No processo de venda, seja transparente. O valor é X e, na compra de um segundo livro, há desconto de Y. Dados e fatos. Engaje seu cliente e demonstre a vantagem da aquisição. Dê incentivos, como programas de fidelidade.

Atenção

Ao utilizar a leitura corporal, é possível receber um *feedback* instantâneo e analisar se o contato está sendo positivo. Lembre-se que o foco está nas pessoas. Atente-se aos detalhes.

Comunicação clara

O corpo comunica, e o silêncio expressa uma mensagem. É importante ser claro em intenções. O tom de voz fala sobre quem atende e demonstra sentimentos, que podem colaborar ou prejudicar uma venda.

Empatia

"Calce os sapatos da pessoa que está à sua frente." Esta frase significa se colocar no lugar do outro. Não sabemos o que se passa com cada indivíduo; portanto, seja amável.

Cordialidade

Ser cordial é diferente de ser educado. Uma pessoa sem educação trata os outros de forma desrespeitosa. Um profissional cordial sabe ser franco, sincero e caloroso. E não utiliza adjetivos desnecessários para se aproximar do cliente ("amada", "flor", "queridinho" etc.).

Nota-se que o papel de quem atende é transformar o processo de compra em uma experiência. A empresa Starbucks é utilizada como referência quando se pensa em atendimento diferenciado. A marca tem uma forte identidade e se adapta às culturas nas quais se insere. Um exemplo é um café alusivo à data de *Thanksgiving*, de Ação de Graças, nos Estados Unidos.

O ponto a se inspirar na Starbucks é: tudo importa. Os pequenos gestos, o sorriso no rosto, o encantar e o surpreender. Para tanto, os colaboradores têm um forte sentimento de dono e agem de forma que o relacionamento seja memorável. Um detalhe simples, mas que faz a diferença, é chamar o cliente pelo nome ao lhe entregar o pedido. Essa pessoalidade traz uma aproximação e faz com que se crie um vínculo com aquele lugar. Nas palavras de Howard Schultz, fundador da Starbucks, "não estamos no ramo de café para servir pessoas, estamos no ramo de pessoas para servir café".

Essa análise pode ser facilmente aplicada às livrarias. A prestação do serviço tem como forte ponto o relacionamento. Facilitar é o papel do operador da loja. Então, por que não o fazer de forma a instigar a pessoa a querer voltar outras vezes? Coloque-se no lugar do cliente. Aja de corpo e mente presente, o que é um desafio no contexto conectado. Ouça. Hoje você atende; amanhã, é atendido. Trate o outro como gostaria de ser tratado. Pratique a gentileza. Seja referência.

No atendimento digital, a acessibilidade é um ponto forte. Importante, além de acompanhar o *status* do pedido, é poder se comunicar de forma fácil e rápida. Sanar sua dúvida e receber retorno quando aplicável. Parece lógica essa questão de receber resposta, porém há lugares que simplesmente não respondem ou, então, fazem-no após semanas, o que acarreta um sentimento de "eu não sou importante para essa empresa". Falta de retorno é falta de cuidado. O silêncio é um tipo de mensagem, que, neste caso, é desfavorável para o comprador.

Presume-se ser algo simples a ação de comprar um livro. Porém, o que distingue uma venda comum de uma extraordinária é a experiência. Vai muito mais além do somente ser educado na relação quem vende *vs.* quem compra. Atender bem é caro, demanda tempo e dinheiro. No entanto, perder um cliente é mais caro, e ter de conquistar um novo custa mais ainda.

O livro inevitável de Kevin Kelly aponta as 12 forças tecnológicas que mudarão nosso mundo nos próximos 30 anos. A forma de viver e perceber a realidade estão mudando. O comportamento de compra, também. No Brasil, já há estabelecimento que não possui mais operador de caixa, como o Peg & Pag. O leitor vê os livros, busca o que mais lhe atrai, faz sozinho a operação financeira e sai da livraria feliz. Veja que não há mais a vivência pessoal do atendente *versus* cliente final. Esse "amanhã" não é utopia, já é fato.

Se o atendimento não for de excelência, realizar a compra sozinho acaba sendo algo desprendido, livre e talvez até divertido. Nas lojas físicas, clientes precisam de espaço e de referência para encontrar uma determinada obra literária. O que torna o processo significativo é justamente a relação entre as pessoas. Se essa é prazerosa, repeti-la será algo natural. Caso seja desagradável, gerando frustação e estresse, a preferência será por comprar sozinho, com auxílio da tecnologia. Existem aplicativos, como o Blinkist, que resumem livros e trabalham de maneira inteligente a utilização dos sentidos (ler e ouvir ao mesmo tempo). A entrega é de conteúdo alinhado à rotina acirrada do dia a dia.

O que torna uma experiência de compra *in loco* memorável é o ser humano. Ao atender bem, há uma valorização demonstrada ao cliente que potencializa a importância do momento e da escolha em estar ali. Receber simpatia e perceber a empatia. Há uma conexão. O espaço dos livros é uma larga fonte de criatividade. São histórias. Sejam dos lugares, das pessoas ou das narrativas.

Como disse Eduardo Galeano em um depoimento por vídeo*:

> O mundo está feito de histórias. As histórias que nos contam, que escutamos, que recriam, que multiplicam. São as histórias que permitem converter o passado em presente e que também permitem converter o que está distante em próximo.

Percebe-se que ambientes colaborativos que provêm vínculos encantadores e boas histórias para contar constituem a mais significativa satisfação do cliente. Como referência no atendimento, a Nubank se destaca. A *start-up* de serviços financeiros trouxe o fim da distância entre banco e cliente, zerou a burocracia e proporcionou segurança e simplicidade nas operações. A relação é humanizada, de linguagem fácil, demonstrando que cada indivíduo importa e é valorizado com qualidade, e não como quantidade.

Identifica-se que, junto do livro, produto central da livraria, encontram-se dois pontos de destaque na excelência em atendimento: a experiência e o relacionamento. Um relacionamento que fideliza clientes deve superar expectativas. Ser bom não é suficiente, é preciso ser excepcional ao ofertar uma experiência. Isso acarreta uma construção sólida e memorável, faz girar o círculo de interesse de quem compra e traz um senso de pertencimento ao local, fazendo com que o cliente retorne para provar novamente o encantamento.

Ter uma obra em mãos solidifica saberes, assim como o acesso ao conteúdo, que o e-book proporciona, abre novas possibilidades. Há espaço: para o livro físico e para o digital; para o atendimento humano ou para a compra individual; para os apressados ou para aqueles cujo desejo é tomar um café e folhear um livro. Há espaço para novos mercados ou para manutenção dos existentes. Sempre haverá espaço para parar e adquirir conhecimento. Por isso, há de se concordar com Thomas Jefferson: "não se pode viver sem livros".

Referência

KELLY, Kevin. *12 forças tecnológicas que mudarão nosso mundo*. Rio de Janeiro: Editora Alta Books, 2019.

9

COMO ATENDER ÀS EXPECTATIVAS DO SEU CLIENTE NA ÁREA DA CONSTRUÇÃO CIVIL

Ter um cliente satisfeito na área da construção civil exige esforços de todos os profissionais envolvidos nesse segmento. Uma obra realizada é a concretização de sonhos, que não podem ser frustrados. Neste capítulo, você vai conhecer um pouco sobre o ramo da construção civil e os meios para entender e atender à satisfação do seu cliente.

ENEIDA DECHECHI

Eneida Dechechi

Formada em Secretariado Executivo Bilingue pela UNIP-SP, pós-graduada em Capacitação Gerencial pela Fundação Santo André (SP). Possui habilitação para licenciatura com ênfase em português pela UNIBAN-SP. Ao longo desses 35 anos no mercado, iniciou sua carreira no setor de cobrança da Lionella, uma empresa de brinquedos, na qual passou por vários setores. De 1998 até hoje, vem desenvolvendo seus trabalhos na empresa Mei Engenharia, na qual começou como secretária e, após cinco anos, passou a assessorar a diretoria da empresa, passando a ser gestora da área administrativa e financeira, responsável pela implantação de ferramentas de certificação, como o ISO 9001. CRC junto à Petrobras, atuando na gestão de pessoas e no desenvolvimento financeiro da empresa. Participou no CPDAS (Curso Preparatório de Docência na Área de Secretariado) e é sócia da empresa Tri Massas Ltda., que está no mercado de fabricação de massas há mais de 20 anos.

Contato
eneida.dechechi@gmail.com

Você já teve a experiência de fazer qualquer tipo de obra na sua casa ou no seu trabalho, ou em qualquer outro lugar? Foi tranquilo para você fazer isso? Teve algum problema com as pessoas que você contratou, ou até mesmo com o serviço que você mesmo executou?

Fazer uma reforma ou uma construção é bastante gratificante quando chegamos ao seu final; temos a sensação de dever cumprido, mesmo que, no decorrer de sua execução, tenhamos problemas com os nossos fornecedores ou com os prestadores de serviços.

As empresas de construção civil, embora havendo todo um planejamento e escolhas minuciosas sobre quem serão os fornecedores e prestadores de serviços, estão sempre sujeitas a problemas com as suas escolhas.

O que é a construção civil

É o nome dado para construções ou obras que envolvam uma comunidade, uma cidade ou uma população. Antigamente, as construções eram divididas em duas grandes áreas: civil e militar; e, com o passar dos tempos, essa divisão foi se perdendo. Mas, hoje, compreendemos que a construção civil está ligada aos trabalhos com participação de engenheiros e arquitetos, bem como profissionais de diversas outras áreas.

O que significa obra

É toda construção, reforma, fabricação, recuperação ou ampliação realizada por execução direta ou indireta.

A construção civil no Brasil

O grande ápice na história para a área de construção civil ocorreu durante as décadas de 1930 e 1940, durante o governo de Getúlio Vargas.

O Brasil conhecia muito bem a tecnologia de concreto e, com isso, focava nas atividades civil e militar. Na década de 1950, o Brasil passa a receber menos incentivos do Estado, ficando, assim, sob o domínio da iniciativa privada.

Em 1970, durante o regime militar, as empresas privadas passaram a focar em construções de prédios, apartamentos e escritórios comerciais, e o Estado passou a atuar em construções do porte civis e militares, não mais executando obras residenciais e comerciais. Durante toda a década de 1980, o setor privado voltou a investir seu capital na construção civil, ou seja, nas construções pesadas, como rodovias, estradas, pontes, entre outras. Em 1990, as empresas passaram a se preocupar mais com a qualidade do produto final, investindo em capital humano, com qualificações específicas para cada área.

Com esses cenários, podemos perceber que o mercado da construção civil é bastante sazonal, visto que seu crescimento e/ou sua baixa ocorrem por motivos políticos e por situações pelas quais o Brasil passa em cada época. Entretanto, esse é um setor que emprega grande parte da população brasileira, sendo responsável por cerca de 9% do PIB (Produto Interno Bruto) brasileiro e gerando cerca de 10 milhões de empregos todos os anos.

Áreas de atuação da construção civil

Dentro da construção civil, pode-se separar algumas áreas de atuação:

Construção ou reforma de casa: um mercado constantemente em movimento, com contratações diversificadas.

Construção industrial ou pesada: em que se pode construir prédios, fábricas, maquinários pesados, proporcionando trabalho em diferentes localidades.

Construção comercial: com contratações de responsáveis, e elaboração e execução de diversos tipos de projetos comerciais, tais como: escolas, shoppings, hospitais, entre outros.

Ainda dentro das áreas de atuação da construção civil, encontram-se: as obras civis, elétricas, hidráulicas, pneumáticas, de ar-condicionado e outras. Uma gama infinita, englobando diversas áreas de atuação que, juntas, buscam sempre a total satisfação dos clientes.

Marketing e qualidade dos serviços executados

Para quem não vive o dia a dia neste setor tão concorrido, é difícil imaginar ou até mesmo entender como é feito o marketing de empresas de construção.

É raro ver propagandas de empresas da construção civil em televisão ou rádio, mostrando seus trabalhos para que você possa decidir por alguma delas. Normalmente, o marketing é feito em meios de comunicação mais específicos, por experiências vividas ou alguma indicação de alguém que já tenha feito qualquer tipo de trabalho com determinada empresa. Quando você vai fazer algum tipo de obra em sua casa, por exemplo, você pesquisa preços e qualidade dos serviços e dos materiais que ali serão empregados, mas também busca referências daquele serviço/profissional que deseja contratar.

Para fechar qualquer tipo de obra, é necessário dominar a sua área de atuação, conhecer bem a empresa, ter um dossiê bastante completo sobre as obras que já realizou, bem como ter profissionais treinados e capacitados para desenvolver seus trabalhos na área da construção.

Em muitos casos, essa experiência é discutida em reuniões, iniciando com o comprador da empresa, até chegar ao dono da obra ou do empreendimento, ou seja, ao seu cliente final.

Ocorre que, em obras, na maioria das vezes, todo o trabalho que foi executado pelos seus funcionários está focado em algum tipo de construção do qual seu cliente só enxerga o resultado. Portanto, é necessário que seu cliente acredite em você e na sua empresa para poder contratá-lo.

Além do preço e da qualidade dos serviços prestados, é fundamental que haja a habilidade de se relacionar bem com o seu cliente, e é isso que vai conquistar uma possível parceria.

O atendimento com as partes envolvidas

Ao iniciar uma obra, as empresas da construção civil devem conhecer todos os aspectos que envolvem o projeto, mapear os requisitos das partes vinculadas e lembrar que experiências positivas e/ou negativas devem ser levadas em consideração.

Para ter sucesso com suas obras, é necessário que o gerenciamento da comunicação tenha os seguintes objetivos:

- Estar conectado com todas as partes envolvidas;
- Garantir que as informações para essa obra sejam geridas de forma que a divulgação, o armazenamento e a recuperação delas sejam eficazes;
- Manter todos os envolvidos alinhados;
- A transparência e a confiança no relacionamento com o seu cliente devem permanecer da contratação do serviço até o final, ou seja, até a entrega da obra;
- Manter um canal de comunicação para ouvir o seu cliente é fundamental. Aqui podemos lembrar que os seus funcionários também são seus clientes. Portanto, é necessário que todos estejam envolvidos no processo;
- Todos os participantes de uma obra devem ser treinados sobre a importância do relacionamento, sempre com ética, boa linguagem e a pontualidade no atendimento dos prazos.

Na gestão adequada de uma obra, é de suma importância que os chamados que venham a ocorrer sejam direcionados para as áreas corretas; assim não haverá o entendimento equivocado por parte do cliente de que a empresa que ele contratou tem problemas de comunicação, ou em seus processos.

Dúvidas e reclamações vindas de seu cliente também devem ser estudadas e respondidas imediatamente, com atenção, de forma clara e objetiva, respeitando sempre os contratos preestabelecidos entre as partes.

Aumente a satisfação do seu cliente ao entender as suas necessidades

O primeiro contato é muito importante. Você tem de saber qual é o tipo de contrato que será executado, quem serão os usuários do projeto, todas as suas adequações, quais serão os equipamentos utilizados e quais são os recursos disponíveis.

Analise seu cliente de forma que você consiga entender todas as suas necessidades.

Dedique seu tempo na realização do planejamento

Informe seu cliente sobre todo o planejamento que fez para a execução da obra, pois assim demonstrará que entendeu as necessidades dele, usando sempre uma linguagem clara e objetiva.

Uma apresentação de planejamento bem feita conquistará o cliente.

As boas práticas das normas e dos procedimentos

Demonstre conhecimento quanto às normas regulamentadoras e aos procedimentos aplicados em seu projeto.

> Normas Regulamentadoras: As Normas Regulamentadoras (NR) são disposições complementares ao capítulo V da CLT, consistindo em obrigações, direitos e deveres a serem cumpridos por empregadores e trabalhadores com o objetivo de garantir trabalho seguro e sadio, prevenindo a ocorrência de doenças e acidentes de trabalho. A elaboração/revisão das NR é realizada pelo Ministério do Trabalho adotando o sistema tripartite paritário por meio de grupos e comissões compostas por representantes do governo, de empregadores e de empregados. (Wikipédia – 2020)

Planejamento com eficiência

Deve-se sempre planejar todas as etapas da obra, ou seja, realizar estudos de viabilidade, cronogramas, entre outros. Pois, dessa forma, a empresa demonstra que é melhor que seu concorrente, sabe o que quer e conhece o que faz, visando sempre o total atendimento às expectativas do cliente.

Estudo de viabilidade de projetos:

A viabilidade de um projeto é entender se ele é viável ou não para a empresa, ou seja, se vale a pena colocá-lo em prática. (Ignição Digital – Porque que se faz o estudo de viabilidade de projetos?

Detalhar o orçamento

Controlar os gastos com eficiência vai afastar qualquer problema com falta de recursos na obra.

Respeitar as regras do contrato

O que for estabelecido em contrato é o que deve ser cumprido.

Ter um canal de comunicação

Você vai otimizar seu tempo e aumentar a sua produtividade, facilitando o controle e apresentação dos resultados ao cliente.

Conclusão

Para firmar uma longa parceria, demonstre preocupação com as necessidades de seu cliente, pois isso dará segurança a ele. Mostre que você tem experiência no que faz e que os problemas dele são a sua prioridade.

Para garantir os resultados esperados e conquistar seu cliente, seja comunicativo, demonstre que tem conhecimento no projeto e nos processos, mantenha-se atualizado sobre a legislação e as normas técnicas; seja organizado, tenha flexibilidade para se adaptar aos imprevistos, estes muito comuns em obras.

O atendimento às expectativas de um cliente só é viável por meio de um bom relacionamento, que deve sempre ser pautado pela transparência e pela proatividade.

Ao final de cada projeto, seja uma construção pesada, seja um escritório comercial, uma ponte ou até mesmo a realização da casa própria, lembre-se de que esse é o momento mais importante de relacionamento com o cliente. É a realização de um sonho, e isso serve tanto para o cliente quanto para todas as pessoas envolvidas e comprometidas na execução dessa obra.

Nessa hora, podemos ver se tudo o que foi planejado aconteceu da melhor forma, o que fortalece muito a relação de negócios entre todos os envolvidos.

Referências

Boas práticas para entrega do empreendimento desde a sua concepção. Organizadores: Câmara Brasileira da Indústria da Construção, Sindicato da Indústria da Construção Civil do Estado de São Paulo, Secovi-SP. – Brasília: CBIC, 2016. Acesso em 05 jun. de 2020.

CORRÊA, Jacinto; CHAGAS, Saulo. *Marketing a teoria em prática – atendimento ao cliente*: diferencial número um. Rio de Janeiro: Editora SENAC Nacional, 2009.

MARINS, Luiz. *Só não erra quem não faz.* São Paulo: Ed. Landscape, 2009.

Norma Regulamentadora. In: WIKIPÉDIA, a enciclopédia livre. Flórida: Wikimedia Foundation, 2020. Disponível em: <https://pt.wikipedia.org/w/index.php?>. Acesso em 7 jul. de 2020.

ROCHA, Erico. *Por Que Se Faz o Estudo de Viabilidade de Projetos?.* 2020. Disponível em: <https://www.ignicaodigital.com.br/por-que-se-faz-o-estudo-de-viabilidade-de-projetos>. Acesso em 26 jun. de 2020.

10

EXCELÊNCIA NO ATENDIMENTO A RESTAURANTES, BARES E CASAS NOTURNAS

Este capítulo discorre sobre atendimento ao cliente no segmento de bares, restaurantes e casas noturnas, destaca o elevado nível de exigência predominante na sociedade, alavancado pelo avanço tecnológico, a consciência dos direitos do consumidor, a complexidade das relações humanas e a expectativa de receber um atendimento de altíssima excelência.

PAOLA ALMEIDA

Paola Almeida

Formação técnica em Secretariado; bacharelado em Secretariado Executivo Bilíngue pelo Centro Universitário Sumaré (2012); pós-graduada em Didática e Metodologia para o Ensino Superior pela Faculdade Anhanguera (2014) e MBA em Psicologia Positiva e Desenvolvimento Humano pelo IPOG (2019). 30 anos de experiência como secretária executiva em empresas de grande porte, atuando, nos últimos 15 anos, como coordenadora de gabinete no Conselho Regional de Farmácia. Palestrante em ONGs e em cursos de graduação.

Contatos
paolaalmeidaf@gmail.com
Instagram: almeidapaolaf
LinkedIn: Paola Almeida Frederico
11 95677 1182

Se você faz bons produtos, torne-os ainda melhores. Se faz um bom atendimento e entrega serviços de qualidade, então este é o seu negócio.
Steve Jobs

Partindo do pressuposto de que restaurantes, bares e casas noturnas constituem um dos maiores segmentos empresariais do mundo, inclusive no Brasil, tem-se que eles, consequentemente, são responsáveis por milhares de empregos em nosso país.

Por outro lado, o segmento possui concorrência fortíssima, além de oferecer os mais diversos tipos de entretenimento e variedades.

Destarte, é primordial o foco na qualidade do atendimento, um dos fatores fundamentais para a existência de qualquer empresa, seja qual for o ramo em que atua, além de ser, na maioria das vezes, o fator que desempata a concorrência no segmento em questão. Pensar que concorrentes são apenas os que oferecem o mesmo tipo de produto ou serviço é cada vez mais um grande equívoco.

O cliente está sempre em primeiro lugar, suas expectativas precisam ser estudadas e atendidas, sendo fator estratégico e diferencial competitivo a qualidade dispendida para um atendimento de excelência.

Por conseguinte, o grande desafio enfrentado pelas empresas de serviços no mundo atual refere-se ao encantamento e à fidelização de seus clientes. Assim sendo, as empresas devem buscar permanentemente maneiras e ações para manter seus clientes fiéis.

Excelência no atendimento

Para abrir um restaurante, um bar ou uma casa noturna, é necessário muito mais que investimento em equipamentos, utensílios e tecnologia de ponta, é imprescindível investimento no relacionamento interpessoal e no treinamento da equipe.

Há de se investir no lado humano do negócio, afinal, o objetivo principal é buscar o encantamento do cliente, pelo estilo do estabelecimento, da comida servida, da recepção ou da finalização do serviço prestado.

Vale destacar que, independentemente das semelhanças ou das diferenças dos estabelecimentos, os clientes têm perfis e características distintas, e, portanto, é primordial atender a todos os estilos, de forma personalizada, visando o alcance de um resultado muito mais satisfatório.

Não existe tecnologia que substitua o relacionamento entre as pessoas, a capacidade que um bom atendente possa ter de dispensar atenção ao seu cliente, que o faça se sentir único, especial, valorizado e imprescindível para o estabelecimento que está visitando.

Sendo assim, a contratação de uma equipe adequada, que seja treinada e engajada com o negócio, precede qualquer ação.

Para as empresas que atuam no setor de serviço e consequentemente mantêm contato direto com o consumidor, o bom atendimento é mais que fundamental, pois esse aspecto pode ser a diferença entre a fidelização do cliente ou descrédito com o empreendimento.

É como diz o ditado popular: "a primeira impressão é a que fica". Por conseguinte, a imagem ou impressão do local visitado é aquela que perdurará na memória do indivíduo, não possibilitando muitas vezes uma segunda chance para a sua correção.

Em outras palavras, é necessário estar consciente dos pressupostos vinculados ao cliente, que, para Mirshawaka (1993 apud PIZZINATTO, 2005, p. 36), são:

> a) um cliente é a pessoa mais importante em qualquer negócio; b) um cliente não depende de nós; nós é que dependemos dele; c) um cliente não representa uma interrupção do nosso trabalho; ele é o próprio propósito do trabalho; d) um cliente não faz um favor quando vem ao nosso negócio; nós não lhe estamos fazendo nenhum favor pelo fato de estarmos à sua disposição; e) o cliente é uma parte essencial do negócio; jamais considere o cliente como um intrometido, intruso ou leigo; f) um cliente não é apenas dinheiro em caixa; ele é um ser humano com sentimentos e precisa ser tratado com respeito; g) um cliente é merecedor de toda atenção e cortesia que se possa a ele dispensar; ele é o sangue da vida desse e de qualquer outro negócio; é ele quem paga seu salário; h) sem o cliente nós fecharíamos as nossas portas.

Vale dizer que o diferencial no atendimento é tão impactante e relevante, que, em muitas situações, torna-se o fator decisivo para a escolha do estabelecimento pelo consumidor, independente, inclusive, do valor do serviço, pois nada supera a atenção recebida, a interação com o funcionário da casa, a experiência vivida e inesquecível.

Da mesma forma, um atendimento ruim e de má qualidade é responsável pelo cliente que não retorna àquela casa, independente da qualidade e do sabor da refeição que provou, por exemplo. Clientes insatisfeitos normalmente não voltam e, por diversas vezes, ainda divulgam essa decisão para os familiares, para os amigos e nas redes sociais.

Hierarquia do atendimento ao cliente

Há quatro passos básicos que determinam a hierarquia de um atendimento, que são os listados a seguir.

Básico: recepcionar – passo básico, mas nem sempre feito de forma correta. Não é possível atender a um cliente sem recepcioná-lo com qualidade e simpatia.

Esperado: atender – passo essencial, e o mínimo esperado pelo cliente: ser atendido de forma rápida e eficaz.

Desejado: satisfazer – nada mais é que satisfazer a expectativa do cliente. Contudo, é essencial conhecer o público-alvo para identificar quais são essas expectativas.

Surpreendente: encantar – vai além de cumprir o esperado, é a surpresa, são detalhes que proporcionam o encantamento do cliente, o que faz que ele se torne fã do negócio e se torne fiel.

Todas as fases se complementam e estão interligadas, o que as tornam essenciais em todos os seus detalhes.

Treinamento de equipes *vs.* relacionamento interpessoal

A ausência de investimento em treinamentos técnicos e em desenvolvimento comportamental é um dos maiores erros que contribuem para a má qualidade dos serviços, sendo um dos fatores que causam a discrepância entre o que se espera por parte do consumidor e o que acontece na prática, comprometendo, assim, a excelência do atendimento.

Atualmente, espera-se minimante que o atendente conheça o produto ou o serviço que a empresa em que atua oferece, com propriedade e eficácia.

Os clientes não aceitam funcionários que demonstram despreparo e incompetência.

A habilidade técnica deve ser adquirida por meio de cursos, leituras e práticas.

Um dos traços da sociedade brasileira é valorizar o relacionamento das pessoas. Mas, se estamos falando de pessoas, também temos de falar da complexidade em lidar com elas.

O relacionamento interpessoal nada mais é que a conexão feita por duas ou mais pessoas em um mesmo círculo. Reflete a forma que os indivíduos se tratam e se relacionam, bem como a qualidade dessas relações.

Essa habilidade, bem desenvolvida, é que fará a grande diferença, pois possibilita a vontade do consumidor em retornar ao estabelecimento, já que se sentiu acolhido, respeitado, bem-vindo e valorizado pela escolha que fez.

Lembrando que os consumidores, por meio das redes sociais, já estão munidos de informações sobre o local e, consequentemente, cheios de expectativas que não devem de forma alguma ser frustradas. O objetivo é que essas mesmas expectativas sejam superadas, o que certamente será um fator determinante para o sucesso desejado.

Direitos do consumidor

Entender a cultura do país é primordial para atender bem e para que a empresa alcance os resultados almejados.

No decorrer do tempo, houve uma evolução no relacionamento do negócio com o cliente. As relações mudaram com base nos fatores econômicos, tecnológicos, políticos e sociais.

O consumidor tornou-se muito mais exigente, consciente e informatizado. Em poucos minutos, tem acesso a todo tipo de informação, assim como divulga suas reclamações ou seus elogios em tempo real.

Respeitar e atender bem a esse consumidor tão exigente e informado é de fundamental importância para a sobrevivência do negócio.

Superando expectativas *vs.* fidelização do cliente

Nenhuma máquina é capaz de trazer sensações ao cliente, como, por exemplo, a de se sentir especial, único e necessário. Portanto, a necessidade e a urgência no treinamento de equipes, com destaque para a humanização das relações, são primordiais.

Para conquistar um cliente e mantê-lo satisfeito, é necessário manter alguns critérios básicos, como, por exemplo, disponibilidade dos serviços divulgados, precisão no cumprimento dos horários de funcionamento estabelecidos, rapidez e presteza no atendimento, respeito às normas vigentes, soluções eficazes para os eventuais problemas que possam surgir e confiabilidade nos serviços oferecidos.

Contudo, partindo-se da premissa que esses critérios são básicos, que os produtos oferecidos podem sofrer concorrência, a excelência no atendimento é o segredo, o que poderá trazer o sucesso ou fracasso do estabelecimento, e que, por isso, deve ser brilhante.

Fidelizar clientes representa lucro e competitividade saudável, torna o negócio mais atraente para o consumidor, supera suas expectativas, o mantém motivado e estimulado a retornar ao estabelecimento, desde que, no entanto, já exista um bom padrão de qualidade no atendimento oferecido.

Caberá à direção do estabelecimento desenvolver práticas condizentes a cada segmento, traçar o perfil do consumidor e de suas exigências e, consequentemente, os planos de fidelização que se adequem à realidade do negócio.

Conclusão

Atender bem a um cliente requer cuidado, atenção, treinamento técnico e relacionamento interpessoal impecável.

Uma das regras de ouro é colocar-se no lugar do cliente. Faça-se uma pergunta: como gostaria de ser atendido, quais suas expectativas e o que lhe encanta? Certamente, seguindo esse padrão, conhecendo seu público-alvo, criando e inovando, será muito mais fácil atingir a excelência.

Invista em pessoas que tenham disposição e brilho nos olhos, que tenham a consciência de que atenderão a seres humanos das mais diversas culturas, de diferentes gostos e desejos, pessoas que merecem momentos inesquecíveis, felicidade e satisfação plena. Nada menos que isso!

Referências

PERFORMANCE Research Associates. *Atendimento nota 10: Tudo o que você precisa saber para prestar um excelente serviço e fazer com que os clientes voltem sempre.* Tradução de Cintia Braga. 3.ed. Rio de Janeiro: Sextante. 2008. 188p.

PIZZINATTO, Nádia Kassouf. *Marketing focado na cadeia de clientes.* São Paulo: Atlas, 2005.

SEBRAE. *Atendimento de Qualidade em bares e restaurantes.* 2015 (SEBRAE). Disponível em: <https://sebraeinteligenciasetorial.com.br/produtos/relatorios-de-inteligencia/atendimento-de-qualidade-em-bares-e-restaurantes/5655cb7ca4a5741d0050fa91#download>. Acesso em 25 fev. 2020.

TONET, Helena Correa; RODRIGUES Denize Ferreira; VERGARA, Sylvia Helena Constant. *Excelência no atendimento ao cliente.* Rio de Janeiro: Editora GV, 2014.

11

COMPANHIA AÉREA

TURBULÊNCIAS NO SERVIÇO? NÃO, MUITO OBRIGADO!

Os desafios da prestação de um atendimento com excelência estão presentes em todos os segmentos de negócios, sendo fatores decisivos nos resultados de uma empresa. Assim também acontece na aviação. Em um momento de alta competitividade e concorrência, companhias aéreas buscam cada vez mais uma sintonia fina com os seus clientes. Mas será que os seus clientes estão sendo atendidos da maneira como gostariam?

MARIA DO CARMO GASPAR
PENTEADO DE ARAUJO

Maria do Carmo Gaspar Penteado de Araujo

Com 20 anos de experiência em secretariado executivo, atendendo a expatriados e brasileiros em diversas multinacionais americanas e europeias, acumula vasta experiência em atendimento. Atuou em companhias aéreas e em agências de viagem e turismo, organizando eventos nacionais e internacionais. Formada em Gestão Comercial e com MBA em Gestão de Negócios: Inovação e Empreendedorismo pela FIA – Escola de Negócios, está sempre atenta às novidades do mercado. Atualmente, trabalha em um banco europeu como secretária executiva bilíngue. Desenvolve trabalho voluntário de atendimento a famílias e casais a partir de igrejas evangélicas, ministrando e aconselhando-os em diversos assuntos e situações, atividade que lhe trouxe um olhar mais humano para as relações profissionais e comerciais.

Contatos
xmariadocarmo@ig.com.br
LinkedIn: Maria do Carmo G. Penteado de Araujo

Voando para o seu destino ou "voando no pescoço" de alguém?

"Eram 4h50, e pousamos em Tel Aviv. Dos 204 participantes da caravana que eu coordenava, 89 estavam comigo nesse voo. Viagem dos sonhos para muitos; no entanto, para Maruska, o início de uma saga. Todos pegaram suas bagagens e se dirigiam aos ônibus que nos levariam a Tiberíades. Na verdade, nem todos! Depois de algum tempo de espera, Maruska e eu finalmente resolvemos ir até o departamento dos horrores – desculpe, das malas perdidas! E, para fazer a história curta, só depois de diversos telefonemas, e-mails e mensagens, e uma longa espera de quatro dias foi que Maruska recebeu sua bagagem no hotel. Durante esse período, não teve nenhum auxílio financeiro da companhia aérea e ainda precisou se virar para sobreviver sem seus pertences."

Você já deve ter ouvido diversos episódios assim, ou mesmo vivenciado algo semelhante, certo? Já passou por algum problema de atendimento e teve vontade de "voar no pescoço" de alguém? Mas... e quando esse alguém está lhe atendendo do outro lado do telefone, em uma tela de *chat* ou por um e-mail com prazo de resposta de horas? Nesses casos, tudo fica mais complicado. E nós nos perguntamos: onde foi parar o bom e velho atendimento "olho no olho", sem pressa ou intervenções tecnológicas.

Com a proposta de facilitar as relações pessoais e comerciais, a tecnologia nas últimas décadas trouxe às empresas diferentes canais de atendimento e recursos para o gerenciamento do relacionamento com o cliente, ou seja, a tão utilizada sigla em inglês CRM – *Customer Relationship Management*. Porém, alguns desses recursos tecnológicos, em vez de facilitar a vida dos clientes, acabam gerando situações com as quais eles se sentem prejudicados.

Uma plataforma online possibilita diferentes opções de interação entre cliente e empresa, como sites, *chatbots* (assistentes virtuais que automatizam o atendimento, popularmente conhecidos como "robozinhos"), e-mails, aplicativos e até mesmo as perguntas mais frequentes já respondidas e disponibilizadas em seus sites.

Tomando como foco o ramo da aviação, as companhias aéreas têm a necessidade de adequar toda essa tecnologia aos seus canais de atendimento, buscando um equilíbrio entre *online* e *offline*, para que o contato humano não seja totalmente perdido. "Com o uso da tecnologia, mudou muito o atendimento ao cliente. No entanto, o fator humano não pode ser colocado de lado, não adianta terceirizar tudo para a tecnologia. Cada caso é um caso." Este é o desabafo recebido de uma viajante entrevistada durante a produção deste texto.

Além da busca deste equilíbrio tecnológico, atualmente, não basta uma empresa apenas atender às necessidades e às expectativas dos clientes. Ela precisa encantá-los! Sim, encantá-los. Estamos vivendo a era da experiência do consumidor, do UX – termo em inglês que significa *user experience*.

Esse encantamento do cliente em sua experiência com algum produto ou serviço é fortemente abordado no livro *O jeito Disney de encantar clientes* (Editora Saraiva, 2011). Mas agora, você pode estar se perguntando "O que tem a Disney a ver com a aviação?" Tudo! Desconecte-se da ideia dos parques e personagens tão divulgados e pense na Disney como uma empresa. Dessa maneira, você perceberá que ela apresenta muitos dos mesmos desafios que qualquer outra empresa, mesmo que de segmentos diferentes. Para ela, o ciclo do atendimento em seus parques começa com as necessidades, desejos, percepções e as emoções dos seus convidados, ou seja, dos seus clientes. Olhando sob essa perspectiva, é possível fazer um paralelo com as companhias aéreas.

De maneira geral, as empresas devem ter um olhar holístico em relação ao seu atendimento, considerando todos os seus *stakeholders*. Mas, o que são *stakeholders*? São indivíduos ou grupos que afetam ou são afetados pela realização das atividades de uma empresa. No caso das companhias aéreas, esses são diversos e abrangentes, como mostra a figura abaixo, baseada no conceito do teórico Hooley (2010).

Figura 1 - Stakeholders de Companhias Aéreas
Fonte: Autora

A análise das relações desses *stakeholders* com a empresa é um assunto extremamente abrangente, e que pode ser tratado sob diferentes pontos de vista. No entanto, este capítulo dará foco ao atendimento ao cliente externo, ou seja, ao público que interage com as companhias aéreas desde a pesquisa pelos seus serviços, a aquisição por diferentes canais, o usufruto, até o pós-venda.

Canais de atendimento

"Certa vez, comprei uma passagem pela empresa para Vanessa. Ela iria participar de um grande evento em Frankfurt, e como tinha parentes na cidade, resolveu levar sua filha de nove anos, e assim comprou sua passagem. Quando fui marcar os assentos, a epopeia começou. Tentei com o atendimento corporativo, mas disseram que não podiam marcar assento. Fui para o site, mas também não foi possível. Falei por telefone com diversos atendentes, sempre tendo de explicar tudo do início, e ninguém conseguia resolver. Mas como eu iria deixar uma criança longe de sua mãe em um voo internacional? Tive de apelar novamente para o contato corporativo e quase precisei ameaçá-los para que mãe e filha fossem colocadas juntas. Somente ao final é que explicaram: como a passagem da Vanessa havia sido emitida gratuitamente pelo plano corporativo, somente permitia marcar assento no momento do check-in*. Que estresse!"*

Infelizmente, situações como essa são frequentes. Você faz uma solicitação em um canal de atendimento e, quando vai fazer um acompanhamento, é direcionado a outro atendente, e você precisa contar toda a história desde o início, e assim por diante! Quem nunca passou por algo semelhante? E você se questiona se já não era hora das empresas cuidarem melhor de seus clientes e terem um histórico das solicitações em um atendimento centralizado, não é mesmo?

A ANAC (Agência Nacional de Aviação Civil) assegura que as companhias aéreas devem disponibilizar pelo menos um canal de atendimento eletrônico para recebimento de reclamações, solicitação de informações, alterações e reembolso, além de prestar atendimento telefônico e presencial no aeroporto, nos horários próximos aos voos. Bonito no papel, mas nem sempre eficiente na vida real.

Tomando como base a definição do site Salesforce, jornada do cliente é a experiência que o consumidor tem com uma marca. Contempla desde a fase em que o cliente identifica a necessidade de um produto ou serviço, passando pelos processos de busca de informação, avaliação e comparação, e chegando, por fim, à conversão e ao relacionamento que se cria. No setor das companhias aéreas, essa jornada pode variar bastante de acordo com o perfil de cada usuário. No entanto, a comunicação é fator-chave para se proporcionar um bom atendimento. O cliente, atualmente mais exigente, faz com que as empresas busquem por soluções cada vez mais customizadas.

Na aviação, essa jornada inicia-se quando, havendo uma necessidade ou um desejo de realização, o consumidor vai em busca de uma companhia aérea, pesquisa as opções, avalia, compra uma passagem e os serviços adicionais. No tempo determinado, faz o *check-in*, despacha ou não a bagagem, viaja, chega ao seu destino e passa pelos desdobramentos do pós-venda. Durante esse processo, muitos são os pontos de contato entre cliente e empresa. E em cada contato, tem a expectativa de vivenciar uma boa experiência. Frente a isso, as empresas buscam atendê-lo de maneira customizada, a fim de satisfazê-lo, pois caso contrário, ele talvez nunca mais retorne, e ainda faça uma propaganda negativa.

Atualmente, as companhias aéreas apresentam diversos canais de atendimento, como os enumerados abaixo. Frente a todas essas opções, o cliente deve escolher a forma de interação com a qual mais se identifica e tem facilidade de operar.

- Atendimento telefônico (SAC, atendimento para pessoas com deficiência auditiva, central de vendas, atendimento nacional e internacional, atendimento VIP para clientes de milhagens);
- E-mail;
- Envio de mensagens pelo site;
- Atendimento virtual (*chatbot*);
- Redes sociais (Facebook, Instagram, Twitter e LinkedIn);
- Blog;
- Lojas físicas.

#Ficaadica

"Escrevendo essas dicas, lembrei-me da Dona Virgínia. Um grupo de 70 pessoas iria embarcar no dia 20 de outubro, às 4h30, no Aeroporto de Guarulhos. Como nesse dia terminava o horário de verão, para evitar confusões de horários, achei prudente marcar com o grupo de nos encontrarmos em frente ao balcão da companhia às 23h00 do dia 19 de outubro. Assim, teríamos tempo suficiente para embarcarmos todos os passageiros. Como havia muitos idosos em sua primeira viagem ao exterior, fiz uma reunião com todos eles e com os seus familiares 15 dias antes do embarque, e reforcei todas as informações, inclusive a data e o horário do check-in. Mas não teve jeito. À 1h00, já no check-in, senti falta da Dona Virgínia. Entramos em contato com ela, e nada. Somente às 2h30 conseguimos contato. Ela havia se confundido com os horários e estava dormindo. Apesar de todos os esforços, quando ela chegou ao aeroporto, o check-in já

havia fechado e, infelizmente, a companhia aérea não permitiu que ela viajasse. Foi uma pena!"

E a fim de reduzir as situações desagradáveis como essa, ficam aqui algumas dicas para que sua experiência seja a melhor possível.

* Saiba exatamente o que procura e necessita;
* Planeje detalhadamente e com antecedência, se possível;
* Faça uma pesquisa diretamente nos sites das companhias aéreas (isso evita problemas futuros com remarcação e cancelamento);
* Cuidado com as distrações (diversos serviços pagos são oferecidos a cada clique);
* Escolha o melhor canal de atendimento para você;
* Anote data, horário, nome da pessoa que lhe atendeu, suas respostas e explicações;
* No momento do embarque, fique atento ao horário e ao portão de embarque;
* Busque informação sobre despacho de bagagem, franquia de peso, o que pode ser levado na cabine;
* Caso tenha algum problema no desembarque, procure imediatamente um funcionário da empresa;
* Divirta-se! Viajar é sempre muito bom!

E por que falar desse tema?

Aos 19 anos, tive a oportunidade de morar na Austrália. Foi uma experiência maravilhosa, e uma grande aventura. Imaginem só: eu nunca havia viajado de avião. Sim, nunca havia entrado em um avião antes e estava prestes a cruzar o globo sozinha. Como era uma viagem longa, passei por escalas, conexões e algumas situações inusitadas. Mas, retornando ao Brasil, depois de um ano e quatro meses, decidi trabalhar em uma companhia aérea. Voltei apaixonada pelo ambiente de aeroporto e por viagens.

Consegui uma vaga no *check-in* de uma companhia aérea nacional no Aeroporto Internacional de Guarulhos. Naquela época, as coisas eram muito diferentes. Quando caía o sistema, fazíamos o *check-in* manualmente. Os bilhetes eram físicos, e você precisava ir pessoalmente a uma "lojinha" para fazer alterações, pagar excesso de bagagem ou solicitar qualquer outro serviço. Nada de tecnologia, aplicativos, *e-tickets* ou *check-in online*. Atendi desde pessoas simples, que faziam sua primeira viagem, até artistas famosos e um ex-presidente com suas excêntricas exigências no *check-in* da *first class* (primeira classe).

No entanto, lembro-me de como era importante dar um sorriso, olhar nos olhos do passageiro, atendê-lo com educação e prestatividade. Explicar onde ficava o embarque, o que podia e não podia levar. Esses pequenos gestos faziam toda a diferença naquele momento, que misturava ansiedade, estresse, alegria e muitas expectativas. Talvez, o que será constatado em um futuro breve é que o atendimento eletrônico, apesar de humanizado, jamais substituirá a interação face a face do cliente com a empresa. Pense nisso!

E antes de finalizar este capítulo, quero fazer um agradecimento especial a uma pessoa que muito colaborou para este capítulo existir: à escritora, assessora de imprensa, profissional diferenciada, serva de Deus e uma grande amiga. Obrigada, Monica Vendrame.

Referências

ANAC. Agência Nacional de Aviação Civil. Disponível em: <https://www.anac.gov.br/>. Acesso em: 12 jan. 2020.

ARRUDA, Maria Cecília Coutinho; ARRUDA, Marcelo Leme. "Satisfação do cliente das companhias aéreas brasileiras". In: *RAE – Revista de Administração de Empresas*. v. 38. n. 3. jul–set, 1998. São Paulo: EAESP/FGV, 1998. p. 25-33.

DISNEY INSTITUTE. *O jeito Disney de encantar clientes:* do atendimento excepcional ao nunca parar de crescer e acreditar. São Paulo: Saraiva, 2011.

HOOLEY, Graham J.; SAUNDERS, John A.; Piercy, NIGEL F. Estratégia de marketing e posicionamento competitivo. São Paulo: Pearson, 2010.

SALESFORCE. "Jornada do Cliente". Salesforce. Disponível em <https://sforce.co/3d0hM0Q>. Acesso em: 12 jan. 2020.

12

ATENDIMENTO AO CLIENTE INTERNO: EXPERIÊNCIA DE TREINAMENTO EM ÓRGÃOS PÚBLICOS DO ESTADO DE SÃO PAULO

Este capítulo trata de uma experiência positiva de um treinamento realizado em órgãos públicos do estado de São Paulo e de como o atendimento ao cliente interno reflete no bom atendimento ao cliente externo.

ROSEMARY NEVES DE SALES DIAS

Rosemary Neves de Sales Dias

Mestra em Linguística Aplicada pela Pontifícia Universidade de São Paulo (2006); pós-graduanda em Neurociências Aplicadas à Educação pelo Centro Universitário FMU (2019). Professora universitária há mais de 20 anos, atuando nas áreas de secretariado executivo, hotelaria e turismo. Treinamento em órgãos do Governo do Estado de São Paulo.

Contatos
teacher.rosemary.sales@gmail.com
Instagram: @teacher.rosesales
LinkedIn: www.linkedin.com/in/rosemary-neves-de-sales-dias-a24a6837/
11 99623 3656

Em 2015, fui convidada para um novo desafio: trabalhar com treinamento de atendimento ao público para funcionários de órgãos do governo do estado de São Paulo.

Participantes

Como mencionado, o treinamento era para funcionários de dois órgãos do Governo do Estado de São Paulo. Nesses locais, são atendidos cidadãos de diferentes idades, classes sociais, religião, raça, gênero, orientação sexual, podendo ser eles estrangeiros, migrantes e imigrantes.

Esses órgãos prezam pela diversidade dos seus colaboradores, por isso, contratam funcionários com variedade de formação acadêmica, orientação sexual; aposentados, casados, solteiros etc.

O curso

O curso tinha dezesseis horas de duração, sendo oito horas por dia. O leitor pode pensar que essa carga horária seria cansativa para os colaboradores, mas não era. Observou-se, no decorrer do trabalho que esses dois dias funcionavam como uma pausa bem-vinda. Os colaboradores, algumas vezes, comentaram que não precisariam usar uniformes para comparecer às aulas. Pode parecer algo simples, mas fazia diferença para eles. O fato de não usar o uniforme dava-lhes liberdade para expressar suas personalidades.

Outro fato positivo: devido ao fluxo de trabalho, muitos não se conheciam, alguns nem sabiam o nome do colega. Durante o curso, eles se conheceram, trocaram ideias, sugestões, e muitos, ao término do treinamento, apresentavam um sentimento de pertencimento ao grupo, principalmente os recém-contratados.

O que esse treinamento tem a ver com o atendimento ao público, com a *performance* dos funcionários e com os bons resultados observados nas avaliações?

O treinamento

Vamos à origem e ao conceito de treinamento.

O treinamento, como observamos atualmente, teve sua origem no final do século XIX, quando o trabalho passou de artesanal para produção em massa. Antigamente, os produtos eram fabricados em quantidades pequenas, de acordo com o pedido dos clientes; naquela época, o treinamento era dado pelo mestre do ofício, que ensinava seus aprendizes. Os aprendizes, por sua vez, repetiam o trabalho dos mais experientes.

Após a Segunda Guerra Mundial, ocorreram as grandes transformações que mudaram o mundo dos negócios; entre elas, o reconhecimento de que o mundo operava com um sistema em interdependência:

> O reconhecimento do mundo como um sistema operando em interdependência em ambiente de incerteza, o que deu margem ao surgimento de teorias de planejamento estratégico; devendo – se também destacar o crescimento considerável do setor de serviços. Essas transformações passam a exigir dos colaboradores mais autonomia, liderança criatividade e iniciativa, especialmente daqueles em posição de chefia, tanto nas linhas de produção como na relação com os mercados do negócio da empresa. (GODOY ET AL., 2008, p. 262)

O treinamento, à época, como também atualmente, tinha o objetivo de fornecer um desempenho superior para enfrentar a competição, que, naquele momento, se tornou acirrada.

Esse trabalho foi realizado em órgãos do estado de São Paulo. No momento da contratação, a empresa deixou claro que o treinamento seria voltado para o atendimento ao cliente interno dos órgãos públicos.

A explicação foi que esses funcionários já recebiam treinamentos técnicos relativos às suas funções, mas que faltava um curso voltado para o crescimento pessoal do colaborador que os fizesse refletir sobre a importância do trabalho deles na vida das pessoas atendidas. Era importante que se levasse em consideração o ser humano que atende a um público diverso e com questões complexas a serem resolvidas, como: morte, mudança de país ou mesmo transporte gratuito.

A ideia do curso vai ao encontro do que Chiavenato (2014) afirma. Para ele:

> As pessoas constituem o principal patrimônio das organizações. O capital humano das organizações – composto de pessoas que vão desde o mais simples operário ao seu principal executivo – passou a ser uma questão vital para o negócio. (CHIAVENATO, 2014, p. 309)

O autor define o treinamento como:

> A experiência aprendida que produz uma mudança relativamente permanente em um indivíduo e que melhora sua capacidade de desempenhar um cargo. Pode envolver mudança de habilidades, conhecimento, atitudes ou comportamento. Significa mudar o que os empregados conhecem, como eles trabalham, suas atitudes diante do trabalho e suas interações com os colegas ou supervisores. (CHIAVENATO, 2014, p. 310)

Os funcionários dessas instituições recebem treinamentos técnicos durante o ano. Como lidam com situações diversas, precisam passar para o cidadão confiança no que fazem e dominar o trabalho, que envolve documentos, leis e informações. Para performarem bem diante do público, os treinamentos são constantes, focados nas demandas operacionais.

Quando avisados que fariam um curso de dezesseis horas, houve receio, pois pensaram que o treinamento seria para a melhora da *performance* técnica.

No entanto, quando o curso foi idealizado, houve a preocupação de ter como foco o colaborador, suas necessidades e seu crescimento pessoal e profissional. O curso tinha como foco o cliente interno.

Vamos às definições de cliente, cliente interno e cliente externo, Lima e Zotes (2019) apud Kotler 1993:

> Clientes são organizações ou pessoas, internas ou externas à empresa que são impactadas pelos produtos. Os clientes podem ser internos e externos. Clientes externos não pertencem à organização. Clientes internos são os que recebem dentro da empresa, produtos e serviços de outros departamentos e de pessoas da própria empresa (LIMA E ZOTES, 2019)

Após as definições acima, voltemos aos tópicos do curso. Alguns dos tópicos trabalhados foram: liderança, trabalho em equipe, comunicação, formalidade da língua portuguesa, ética e comunicação não violenta.

Durante o curso, havia dinâmicas orais e escritas, apresentações e relatos de experiências com o trabalho junto aos cidadãos, além de trocas de soluções entre eles.

Alguns fatores são importantes de serem ressaltados, pois demonstram o cuidado que a empresa teve ao organizar esse treinamento.

Houve respeito à carga horária de trabalho dos colaboradores. Como para muitos o tempo do curso excedia as horas de trabalho diário, eles eram ressarcidos em forma de folga, aos sábados. Preocupação referente à alimentação: todos receberam a quantia referente ao almoço nos dias de curso, além de, nos intervalos das aulas, serem servidos *coffee breaks*.

Aos colaboradores que moravam em outras cidades era oferecido o valor do transporte. Em alguns casos, foram contratadas empresas para levá-los ao local do treinamento.

Esse cuidado foi percebido por eles e refletido no clima agradável durante o curso. Eles se sentiram valorizados. Percebiam que suas necessidades foram levadas em consideração; observaram o respeito com o qual foram tratados.

Houve avaliação formal escrita ao final do treinamento. Os colaboradores avaliavam o conteúdo, a duração, a relevância e aplicação prática do curso, o local das aulas e, principalmente, o instrutor. Essas avaliações são sigilosas, portanto, não pode haver nenhuma divulgação dos resultados.

Entretanto, houve depoimentos espontâneos dos colaboradores. Um dos que nos chamou a atenção foi sobre a ideia do que seria trabalhado: "tínhamos a ideia de que seria mais um curso extremamente técnico. Entretanto, após a primeira turma, tudo mudou. Quando as pessoas da primeira turma comentaram com os colegas sobre o funcionamento do curso, os funcionários ficaram ansiosos para participar; o clima do local mudou".

No local em que foi feito esse depoimento, o treinamento foi oferecido a quase quatrocentos e cinquenta colaboradores.

Qualidade de vida no trabalho (QVT) e atendimento ao cliente interno

Com o objetivo de refletir sobre a importância do atendimento ao cliente interno, esse tópico será iniciado com a definição do conceito de qualidade de vida no trabalho (QVT), De acordo com Chiavenato (2014) Atualmente, o conceito envolve tanto os aspectos físicos e ambientais do local de trabalho quanto os psicológicos. O autor define a QVT como:

> conjunto de ações de uma empresa envolvendo diagnóstico e implantação de melhorias e inovações gerenciais, tecnológicas e estruturais dentro e fora do ambiente de trabalho, visando propiciar condições plenas de desenvolvimento humano para e durante a realização do trabalho. (CHIAVENATO, 2014, p. 419)

Chiavenato (2014) entende que a QVT deve envolver:

> Trabalho que valha a pena a ser feito, condições de trabalho seguras, remuneração justa e adequada, segurança no emprego, supervisão competente, retroação quanto ao desempenho no trabalho, oportunidades de crescimento intelectual e profissional; possibilidades de promoção e avanço na carreira e excelente clima social e justiça. (CHIAVENATO, 2014, p. 409)

De acordo com ele, para que as empresas alcancem altos níveis de qualidade e produtividade, elas devem trabalhar no sentido de ter pessoas motivadas que participem ativamente do trabalho que executam e que também sejam recompensadas adequadamente por suas contribuições.

O autor entende que, para satisfazer o cliente externo, a empresa não pode prescindir de atender primeiramente ao seu cliente interno.

Para Chiavenato (2014) os componentes de qualidade de vida no trabalho seriam:

> satisfação com o trabalho executado, possibilidades de futuro na organização, reconhecimento pelos resultados alcançados, salário percebido; benefícios auferidos; relacionamento humano na equipe e na organização, ambiente psicológico, físico de trabalho, liberdade de atuar e a responsabilidade de tomar decisões além de possibilidades de estar engajado e de participar ativamente. (CHIAVENATO, 2014, p. 420)

Entre os componentes de QVT mencionados por Chiavenato, ressaltamos os que foram observados durante o treinamento.

Os colaboradores estreitaram o relacionamento com seus pares e líderes. Perceberam que em algumas situações tinham a liberdade de atuar e de tomar algumas decisões. Sentiram-se reconhecidos pela empresa. Durante todo o curso, houve reflexão sobre a importância do trabalho realizado por eles e como o seu desempenho afetava a vida dos cidadãos. O que ficou claro, de acordo com conversas informais com os gestores, foi a mudança de ambiente. O fato de os funcionários terem a possibilidade de se conhecerem melhor, trocarem experiências, sugestões e, às vezes, dificuldades criou um clima de parceria na instituição, um sentimento de equipe. Outro ponto apontado pelos colaboradores foi a empatia. Eles tinham a ideia de que seus líderes eram pessoas que não se importavam com eles, mas durante a troca de ideias, perceberam que era o contrário. Eles conseguiram se colocar no lugar da liderança e entender suas dificuldades.

Como o atendimento ao cliente interno impacta no atendimento ao cliente externo?

O atendimento ao cliente interno está relacionado também com o aperfeiçoamento do potencial das pessoas para um desempenho superior no futuro. (HANASHIRO, TEIXEIRA, ZACCARELLI, 2008 p. 263)

De acordo com os autores, as ações de treinamento e desenvolvimento proporcionam os seguintes benefícios às pessoas da organização:

- Focam nas aptidões dos funcionários;
- Ajudam a aumentar a autoestima e a melhorar o clima organizacional pelo crescimento profissional;
- Facilitam a definição de prioridades para a capacitação de pessoas;
- Promovem a melhoria das condições psicossociais do trabalho.

Ao relacionarmos os benefícios acima com o trabalho desenvolvido no órgão do Governo do Estado de São Paulo, observamos que os funcionários, quando incentivados e reconhecidos, são mais produtivos.

Nos locais onde foram realizados esses treinamentos, observou-se a melhora do clima entre os colaboradores, e essa melhora reflete no atendimento dispensado ao cidadão.

Infelizmente não há a permissão de divulgar os nomes desses órgãos governamentais, mas, de acordo com avaliações de desempenho realizadas pelo Governo do Estado de São Paulo, esses órgãos são bem avaliados pelos cidadãos.

O bom atendimento deveria ser o objetivo não apenas de empresas privadas, mas dos órgãos públicos, principalmente. O cidadão se sente valorizado quando bem atendido e percebe o respeito que o estado dispensa às pessoas que pagam seus impostos.

Referências

CHIAVENATO, Idalberto. *Gestão de pessoas: o novo papel dos recursos humanos nas organizações*. 4. ed. Barueri: Manole, 2014.

GODOY, Arilda Schmidt; HANASHIRO, Darcy Mitiko Mori; TEIXEIRA, Maria Luísa Mendes et al. *Gestão do fator humano: uma visão baseada em Stakeholders*. 2. ed. São Paulo: Saraiva, 2008.

LIMA, Ana Paula de Freitas Andrade; ZOTES, Luiz Pereira. *Marketing: gestão de relacionamento com o cliente*. I Simpósio Internacional de Ciências Integradas da Unaerp – Campus Guarujá, 2019.

13

ATENDIMENTO ENCANTADOR: EVENTO "REDONDO"

Todo evento acontece quando está associado a um objetivo muito claro e bem distinto. Mas como oferecer um atendimento encantador, obtendo toda a riqueza de detalhes necessária, buscando a fidelização do cliente?

CLÁUDIA AVELINO

Cláudia Avelino

Pós-graduada em Administração e Organização de Eventos pelo SENAC; graduada em Secretariado Executivo Bilíngue pela Universidade Anhembi e Morumbi. Participação no CPDAS – Curso Preparatório de Docência na Área de Secretariado. Atuação como secretária executiva por 28 anos no ramo editorial. Secretária executiva remota, organizadora de eventos (sociais e corporativos), palestrante, professora de secretariado executivo, eventos e disciplinas correlatas. Participação em bancas de avaliações de TCCs. Ministra treinamentos corporativos. Coautora do livro *O futuro do secretariado: educação e profissionalismo*, com o capítulo "O profissional de secretariado atuando na docência", publicado, em 2019, pela Editora Literare Books International.

Contatos:
fa.clau@uol.com.br
LinkedIn: www.linkedin.com/in/claudia-avelino
Instagram: @claudia_avelino1

Atendimento ao cliente não é uma técnica a ser implantada,
mas uma postura a ser cultivada.
(Mário Persona)

Segundo Britto e Fontes (2006), eventos são todos os acontecimentos que são planejados antecipadamente, organizados e coordenados para reunir mais de 2 pessoas no mesmo dia, horário, e lugar, com o mesmo objetivo. Com informações, são tomadas seguindo um objetivo determinado de forma eficaz.

Na primeira reunião, quando o cliente contata um profissional de eventos, tudo o que ele precisa é ser ouvido. O alto poder de escuta, por parte do profissional, será o diferencial para que o evento aconteça seguindo o perfil desejado. Nesse momento, fica bem claro que nada será do jeito que o profissional gostaria que fosse feito, e sim do jeito que o cliente entende que deva ser.

Com o *briefing*, é feito um desenho do evento: um desenho como o cliente quer. O *briefing* é a ferramenta principal, é o documento em que é possível traçar um resumo, um protótipo do sonho do cliente, da mensagem que ele quer passar para os seus convidados; a partir desse instrumento, será possível executar um projeto.

Um *briefing* bem feito possibilita a captura inicial das emoções. Por isso, são coletados muitos dados relativos ao perfil do cliente.

Os eventos são constantes, fazem parte da nossa vida. De quantos eventos você já participou? Será que você já assumiu o comando de algum deles?

São muitos os eventos realizados, e com as mais diversas finalidades:

- comemorar;
- expor;
- divulgar produtos.

De acordo com Matias (2013), os eventos são classificados da seguinte forma:

- social (casamentos, aniversários, *happy hours* etc.);
- corporativo ou empresarial (feiras, conferências, reuniões etc.);
- espiritual ou comunitário (retiros, cursos religiosos, jantares beneficentes etc.);
- acadêmico (aulas inaugurais, colações de grau, festas de formatura etc.);
- cultural e de entretenimento (festivais, espetáculos, concertos musicais etc.);
- esportivo (corridas, caminhadas, jogos etc.);
- políticos (comícios, debates, protestos etc.);
- educacionais (palestras, cursos, congressos etc.).

Clientes

Em um evento, temos diversos clientes:

- **Clientes externos essenciais** – são os que trazem o evento "rascunhado", já pré-idealizado em sua cabeça. Vêm em busca de um profissional de eventos a fim de tornar o seu sonho realidade, sendo materializado com riqueza de detalhes; um evento que o surpreenda e seja um ápice de alegria, distração, conforto, segurança e interação – de muita interação – com seus convidados. O cliente principal custeia o evento, tem o nível total de decisão e a alta expectativa de que será o melhor evento.
- **Clientes externos indiretos** – são todos os convidados do contratante do evento, que o acessam muitas vezes com as informações apresentadas no convite (data, horário, tema, programação). Comparecem com olhares curiosos, prontos para serem surpreendidos e para viverem uma experiência (tanto boa quanto má). O nível de expectativa varia entre média e alta. Algumas vezes, são convidados; em outras, pagam um ingresso para poder acessar o evento.
- **Clientes internos** – são todas as equipes que trabalham no evento, desde funcionários do *staff* até seus parceiros. São os colaboradores, os fornecedores e a equipe terceirizada que fazem o evento acontecer. As parcerias estão entre os clientes internos.

Se o cliente deve ser tratado como rei, quem o atende deve ser
majestade. (Autor desconhecido)

Todos os clientes devem ser tratados com educação, simpatia, respeito, boa comunicação, rapidez, transparência, verdade e empatia.

O evento é um quebra-cabeça em que o profissional responsável por ele faz o encaixe de cada peça, de cada fornecedor e de cada parceiro para que tudo funcione a contento; caso contrário, uma peça fora do lugar ou faltante transparecerá o descuido aos clientes externos e comprometerá o sucesso do evento.

Cada peça de um quebra-cabeça tem o seu próprio encaixe, compõe uma parte do evento e não pode ser trocada de lugar. Há de ser um time coeso, sem problemas internos e externos a fim de não resvalar inadequações de serviços para o cliente.

O time deve estar motivado, integrado, colaborativo, cheio de energia e sempre disposto a ajudar.

Um grande diferencial nos eventos é a existência de uma equipe de colaboradores/fornecedores bem engrenados, com boa comunicação, pois, se todos estiverem bem orientados, farão o seu melhor e existirá, em consequência, a sensação de pertencimento, que resultará em pessoas proativas.

Trabalhar motivado em um evento somente resultará em fluidez: com todos os fornecedores se ajudando, mesmo em meio a muita correia, será possível tornar esse evento amigável, fazendo com que todos saiam satisfeitos com os resultados obtidos.

Caso ocorra alguma falha, segundo Amorim (2014), deve-se tratar os erros como resultados e como oportunidades de melhorias dos processos para os próximos eventos, corrigir e pontuar ao cliente. Depois de o cliente sair, é fundamental procurar saber o que aconteceu e tomar as devidas providências, para que isso não mais ocorra.

A fase inicial do atendimento ao cliente

Quando o cliente o procura pela primeira vez, é interessante buscar alguma referência dele, para ser mais assertivo. Para tanto, faça alguns questionamentos:

1. Que evento gostaria de realizar?
2. Como soube de minha empresa?
3. Foi indicação de alguém?
4. No seu evento anterior, aconteceu algo que você adorou e que gostaria de expor?

Muitos clientes de serviços chegam mediante indicação. A confiança nunca deve ser confundida com segurança, contudo, a confiança é a sensação de que tudo vai acontecer conforme o previsto.

A confiança trouxe o cliente até o profissional de eventos; todavia, isso não significa que o evento já está fechado. Em serviços, é muito comum indicações.

O cliente está, na verdade, adquirindo a confiança de seu indicador.

Para eliminar as inseguranças dos clientes, apresente fotos em redes sociais, o portfólio, os materiais de eventos realizados.

Conforme o site Eyemobile, para atender bem:

- seja honesto nas explicações, fale o que pode ser feito e dê sugestões, respeitando o *budget* do cliente, pois ele, na maioria das vezes, já chega com uma ideia formada, que pode ser esculpida e modulada. Com conhecimento e atualização, é possível apresentar tudo de maneira perfeita;
- falar com calma, tranquilidade e firmeza;
- seja proativo, aja antes que os clientes peçam;
- trate as pessoas sempre como únicas;
- converse com as pessoas de modo acolhedor e com interesse;
- seja rápido e efetivo em qualquer demanda de serviço, ou mesmo de relacionamento (retorno de uma ligação telefônica etc.);
- saliente o atendimento empático da equipe com todos do evento;
- demonstre que faria por elas o que faria para uma festa de um seu ente querido;
- aos clientes que as pessoas envolvidas no processo de entrega seus desejos, e que se empenharão em resolvê-lo;

Aplicação da Pirâmide de Maslow para entender melhor o seu cliente

A Pirâmide de Maslow é um conceito utilizado para explicar melhor as necessidades do ser humano. Ela apresenta os desejos e as necessidades das pessoas organizados em prioridades e hierarquias. Podemos aliá-la à satisfação do cliente para eventos. Ela nos auxilia a entender melhor como podemos realmente atender o cliente com excelência.

Segundo Gade (2000), a pirâmide da teoria de Maslow, inicialmente, tem as necessidades fisiológicas, as necessidades de segurança e, quando estas são satisfeitas, surgem, então, as necessidades de afeto e necessidades de estima; e satisfeitas, também, ocorre o nível superior, que são as necessidades de autorrealização.

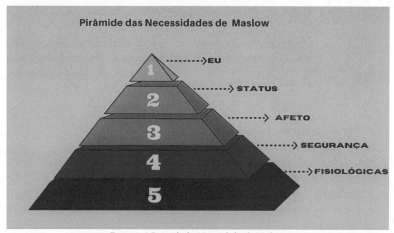

Figura 1. A Pirâmide das Necessidades de Maslow,
segundo a Hierarquia das Necessidades Humanas de Maslow (Gade, 2000)

Exemplo: em um casamento, com muitos padrinhos, a noiva se atrasa 40 minutos para a cerimônia; terminada a cerimônia, todos seguem para o salão; quando todos entram no salão, o pai da noiva está a postos para fazer algumas homenagens. Contudo, enquanto o pai não conclui o discurso, evidentemente, o jantar não é servido. Veja que, pela Pirâmide de Maslow, a necessidade fisiológica (deixar todos sem comer) foi negligenciada, o que foi desesperador. Alguns convidados se levantaram e foram embora. A falha no cronograma deixou todo o público muito impaciente. Na montagem do cronograma, temos de ter atenção à pirâmide das necessidades de Maslow. Por mais linda que estivesse a cerimônia, os convidados começaram a se irritar, e perdeu-se o foco.

Encantar seus clientes: a chave do sucesso

Se você cativar o cliente número 1, você chegará ao cliente 1.000.
Jack Mitchell

Quando um cliente se sente satisfeito com o seu serviço, é bem tratado e tem suas expectativas atingidas, as chances de ele voltar a fazer negócio com você são muito maiores, assim como a de ele lhe indicar para outras pessoas.

É extremamente recompensador encantar clientes, mas é uma tarefa árdua, principalmente no segmento de eventos, que é um setor muito concorrido. Fidelizando um cliente, conseguirá não apenas fechar mais negócios com ele, mas abrirá novas portas, com a indicação sólida de alguém satisfeito.

E se mesmo assim surgirem reclamações?

> *Os clientes se irritam mais com a falta de direcionamento, descaso e atenção para solucionar o problema, que com o problema em si.*
> (Clezio G. Amorim)

É essencial:

- Aprender a ouvir os clientes;
- Entender o real motivo das reclamações apresentadas;
- Criar soluções estratégicas e operacionais para reverter reclamações – além de evitar futuras rupturas;
- Melhorar o fluxo de demanda de trabalho das equipes;
- Rever os parceiros, caso haja algum problema de produtividade e qualidade;
- Fidelizar o público;
- Capacitar a equipe em pontos específicos, apresentados pelos clientes;
- Mapear as principais causas de insatisfação;
- Melhorar mais a relação do cliente com a empresa (treinamentos de equipe);
- Saber selecionar os clientes em níveis de relacionamento e determinar as ações que devem ser tomadas com cada tipo de cliente, sem sobrecarregar ninguém;
- Escolher bons profissionais para o atendimento ao cliente;
- Entender que o cliente quer soluções, mais que pedidos de desculpas.

Organizar eventos com o propósito de converter os participantes em clientes é uma boa estratégia. Pense sempre que o evento é apenas o ponto de partida e que muito trabalho ainda precisa ser feito após o seu término, o que poderá gerar novos negócios.

O cliente é você

> *As emoções nem sempre estão sujeitas de imediato à razão, mas estão também sempre sujeitas de imediato à ação.*
> (William Jam)

Quando você trabalha e tem a sua empresa, você é o seu cliente, você exige a excelência de suas entregas. Assumindo essa posição, você se monitorará para conseguir o melhor e surpreender as pessoas. Para se comunicar com o seu cliente, seja o seu cliente número 1. Dessa forma, você conseguirá modelar também a sua equipe. Sendo crítico consigo mesmo, você conseguirá atingir a excelência. Você se comunicará muito bem com o cliente, com propriedade, com verdade, porque você também sempre estará sentado do outro lado da mesa, como o cliente.

Faça o seu melhor, não somente faça o que as pessoas esperam, faça sim o seu MELHOR.

Referências

AMORIM, Clezio G. *55 maneiras de encantar seu cliente no atendimento.* 1. ed. São Paulo: Êxito, 2014.

BRITTO, Janaina e FONTES, Nena. *Estratégias para eventos: uma ótica do marketing e do turismo.* 4ª Ed. Rev. – São Paulo: Aleph, 2006.

CZAJKOWSKI, Adriana. *Eventos: uma estratégia baseada em experiências.* 1. ed. Curitiba: InterSaberes, 2017.

EYEMOBILE. *Como encantar clientes em eventos.* Disponível em: <http://blog.eyemobile.com.br/como-encantar-clientes-em-eventos/>. Acesso em abr. de 2020.

GADE, Christiane. *Psicologia do consumidor e da propaganda.* ed. rev. atual. São Paulo: EPU, 2000.

IBC. Instituto Brasileiro de Coaching. Disponível em: <https://www.ibccoaching.com.br/portal/metas-e-objetivos/o-que-e-briefing-conceitos-modelos-utilizacoes/>. Acesso em mai. de 2020.

LUKOWER, Ana. *Cerimonial e protocolo.* São Paulo: Contexto, 2009.

MATIAS, Marlene. *Organização de eventos.* 6. ed. São Paulo: Manole, 2013.

MITCHELL, Jack. *Abrace seus clientes: o método ideal para personalizar as vendas e conseguir grandes resultados.* Rio de Janeiro: Sextante, 2007.

UEDA, Minoru. *Competência emocional: quanto antes, melhor! Uma jornada para a sustentabilidade das relações.* Rio de Janeiro: Qualitymarky, 2013.

14

POR UM ATENDIMENTO DE EXCELÊNCIA NO SEGMENTO DE HOTÉIS

Este capítulo aborda como o bom atendimento é algo essencial para a conservação e a fidelização de clientes; e que atender com excelência deve ser o objetivo de qualquer empresa. A hotelaria deve oferecer um acolhimento impecável, e isso é uma prioridade ainda maior. Não nos esquecendo de que esse suporte oferecido deve permanecer antes, durante e após a estada do hóspede no hotel.

ROSELI FALEIRO

Roseli Faleiro

Secretária executiva, SRTE/SP 39.295; graduada pela FECAP (2003), com pós-graduação em Assessoria Executiva pela Uniítalo – Centro Universitário Ítalo Brasileiro. Facilitadora e palestrante de cursos, na área de secretariado, atendimento, recepção e hotelaria. Possui 20 anos de experiência como secretária executiva de empresas de grande e médio porte e do terceiro setor. Acadêmica do curso de Licenciatura Português/Espanhol.

Contato
roselifaleiro@gmail.com

Origens da Hotelaria

Na antiguidade, os primeiros vestígios de hospedagem estavam associados ao comércio. Famílias reais, sábios, músicos, artistas e comerciantes, de um modo geral, deixavam suas casas com o propósito de comercializar seus produtos e serviços em outras localidades. Os peregrinos eram atendidos precariamente em albergues, estalagens ou em igrejas e mosteiros. Já a nobreza se hospedava em castelos e palácios luxuosos com várias mordomias. Ainda nesse período, com o crescimento das cidades, o número de hospedarias também aumentou. Nelas, oferecia-se aos viajantes refeições, vinhos, banhos de cachoeira, alimentação para cavalos e manutenção de charretes ou de algum outro tipo de veículo.

Com o advento da Revolução Industrial e do Capitalismo, os serviços de hospedagem também passaram a ser comercializados, e, porventura, cobrados. Mas foi somente no século XIX que esses serviços começaram a ter qualificação, havendo funcionários específicos para cada atividade (recepcionistas, mensageiros, arrumadeiras) e maior privacidade e conforto em suas acomodações, pois, antes, elas eram compostas por três ou quatro camas, onde, assim, pessoas desconhecidas dormiam em um mesmo quarto. E após a Segunda Guerra Mundial, o caráter das viagens não era mais apenas comercial; estava relacionado também ao lazer. Isso foi possível graças ao desenvolvimento dos meios de transportes, das estradas de rodagem e de ferrovias, e graças à ampliação da renda econômica das populações.

O primeiro hotel verdadeiramente planejado foi o Hotel Ritz, em Paris, no ano de 1870, construído pelo suíço César Ritz. A principal inovação desse hotel foi a existência de banheiros privativos nos apartamentos, mas ocorreu ainda a uniformização de empregados e outras melhorias.

Hotelaria no Brasil

No Brasil, a atividade hoteleira começou no período colonial: os viajantes hospedando-se nos casarões das cidades, nos conventos, nas grandes fazendas e, principalmente, nos ranchos à beira da estrada. A chegada da corte real portuguesa ao Rio de Janeiro em 1808 e, posteriormente, a abertura dos portos levaram a um aumento do fluxo de pessoas, fazendo com que casas de pensão, hospedarias e tavernas abrissem suas portas aos viajantes.

No início do século XX, a escassez de hotéis levou o governador do Rio de Janeiro a criar o decreto-lei n. 1.100, de 23 de dezembro de 1907, que isentava dos impostos municipais, por sete anos, os cinco primeiros hotéis que se instalassem na cidade. Em 1908, foi inaugurado o primeiro grande hotel na cidade: chamava-se O Avenida, e possuía 220 apartamentos. Somente a partir da década de 30, os hotéis de grande porte foram instalados. Sua ocupação era promovida pelos cassinos, que funcionavam nas mesmas instalações. Porém, com a proibição dos jogos de azar, em 1946, muitos hotéis fecharam suas portas.

Etimologia

A palavra hotel é derivada do termo francês *hôtel*, que se referia a edifícios que recebiam visitantes frequentes. Na língua francesa atual, a palavra *hôtel* tem a mesma acepção do termo hotel, em português.

A arte de atender com excelência

Quando você viaja, o desejo é que tudo dê certo, não é mesmo? E o atendimento hoteleiro está incluído. Por isso, quem trabalha nesse ramo precisa oferecer uma experiência única, que realmente marque o usuário e desperte nele o desejo de voltar. Um bom atendimento é fator crucial para quem busca proporcionar uma ótima experiência de estadia aos seus clientes, principalmente o atendimento da(o) recepcionista, pois este é um dos primeiros contatos do hóspede com o estabelecimento.

A agilidade, a cordialidade, a transparência e ter vasto conhecimento de Hotelaria e da localidade onde o hotel está situado são primordiais.

Hospitalidade

Deriva do latim *hospitalitate*: "é o ato ou efeito de hospedar ou receber hóspedes". Podemos não nos dar conta, mas um dos fatores que mais influenciam uma viagem é a hospitalidade. Do passado até os dias de hoje, muita coisa mudou, mas quando a experiência é ruim, naturalmente a maioria das pessoas evita retornar ao local, não é mesmo?

Cortesia, receptividade, conforto, lazer, alimentação, limpeza: desde a forma como a cama é arrumada em um hotel até a maneira simpática de um *concierge* tratar o hóspede... na hotelaria, tudo está relacionado à hospitalidade e faz parte do atendimento de excelência.

Recepção

O recepcionista é o profissional responsável por realizar o atendimento personalizado para o público; além de fazer *check-in* e *check-out*, ele é o primeiro a ter contato com o hóspede, representando a empresa como um todo. E qualquer falha nesse momento poderá levar o hóspede a ter uma impressão negativa do local logo na chegada. Sabe aquele ditado que diz que "a primeira impressão é a que fica", pois bem, ela é totalmente válida para o atendimento em hotéis. O serviço de atendimento é o cartão de visita de um estabelecimento hoteleiro. O profissional deve, antes de tudo, entender que o cliente é parte do seu trabalho e que ele sempre tem razão – afirmação popular no mundo dos negócios –; portanto, precisa encarar o trabalho sempre de forma positiva e com um sorriso no rosto, deve estar preparado para lidar com hóspedes exigentes, procurando antecipar as suas necessidades, evitar discussões, saber escutar e deve, além de tudo, transmitir tranquilidade, segurança e o desejo de ajudar, para tornar a estadia ainda mais confortável.

O(a) recepcionista deve ter claro que não é apenas na chegada que deve se manter prestativo e, sim, em todo o período em que o hóspede permanecer no hotel. Um(a) recepcionista que atende com rispidez, sem simpatia e com falta de educação gerará diversas reclamações ao longo das atividades.

Seja empático e trabalhe com uma postura humanizada no atendimento.

Como entender o Consumidor 4.0?

De acordo com a jornalista Marília Cardoso (2020, p. 14):

> A era digital potencializou a autonomia das pessoas e, atualmente, elas querem falar com as empresas de forma rápida e direta, usando as mídias sociais. E, raramente elas fazem isso para elogiar. Mais bem informados, consumidores de várias classes sociais estão mais exigentes e pressionam as empresas para resolverem seus problemas de forma rápida – muitas vezes até esquecendo dos canais tradicionais, como é o caso do SAC – Serviço de Atendimento ao Consumidor.

Tecnologia

Os sistemas, hoje, ajudam bastante nos controles diários do hotel que precisa analisar diferentes detalhes, como:

- Controle de roupas, objetos esquecidos e frigobar;

- Limpeza dos quartos;
- Processos de *check-in* e *check-out*;
- Distribuição dos quartos etc.

A tecnologia também conta como um "braço" do atendimento, isso porque o hóspede será afetado diretamente caso algum ou alguns dos sistemas não funcionem.

Dependendo da estrutura do hotel, vamos ter outras funções ou departamentos em que o contato é direto com o hóspede, e que também exigem atenção para que o atendimento ao hóspede não seja comprometido. São elas:

- O concierge;
- A governança.

Concierge

O *concierge* é um cargo comum no ramo hoteleiro, consistindo na função do profissional responsável por atender aos desejos e às necessidades básicas e especiais dos hóspedes. Geralmente, eles ficam posicionados próximos ou ao lado da recepção. Dependem da estrutura oferecida pelo hotel e de sua agenda de contatos para um pronto atendimento ao hóspede. O *concierge* deve ser atencioso, educado, prestativo e ágil, pois sua agilidade e qualidade no serviço prestado conta muito. O *concierge* precisa estar totalmente interligado com a vida cultural da cidade. Ele deve saber onde ficam os melhores restaurantes e o que está acontecendo na vida noturna e cultural local, isso para poder passar as informações ao hóspede que necessita delas com qualidade e presteza. Nos hotéis classificados como mais simples, essa função fica a cargo da recepção.

Governança (governanta e/ou supervisora)

Qualidade, atenção, organização e responsabilidade são as características fundamentais para os funcionários da governança, pois eles são responsáveis por todos aqueles que cuidam da arrumação, da faxina e da limpeza dos apartamentos e das áreas sociais do hotel, das áreas de jardim interno e externo, da lavanderia e do movimento das roupas de cama, da mesa e do banho, tanto do estabelecimento quanto do próprio hóspede. Qualquer erro cometido por esses profissionais, o hóspede ficará com uma imagem negativa do hotel.

Para proporcionar um serviço de qualidade para os hóspedes, primeiramente deve-se haver entendimento por parte dos setores, principalmente da recepção e da governança, pois um setor depende igualmente do outro para a liberação das UHs (unidades habitacionais) e da realização das OSs (ordens de serviço) e dos VIPs. A falta de comunicação entre esses dois setores pode gerar descontentamento ou algum constrangimento por parte dos hóspedes.

Investir em treinamentos

É função do gestor capacitar seus colaboradores para que eles tenham esse conhecimento. Para isso, é necessário oferecer treinamentos e incentivos.

Lembre-se: um colaborador de alta *performance* é capaz de sanar as dúvidas dos hóspedes e, ao mesmo tempo, ajudá-los.

Como atender às expectativas dos viajantes da atualidade

Os viajantes atuais querem mais que apenas visitar um lugar; eles querem viver experiências regionais genuínas e ter contato com a cultura local. Sabendo disso, o hotel precisa pensar em maneiras de atender às expectativas dos hóspedes por meio de serviços especiais alinhados ao que eles desejam.

Conheça, a seguir três das principais expectativas dos viajantes da atualidade, e confira as dicas que vão facilitar o atendimento destas expectativas.

1. Uma nova aventura

Uma aventura pode ser referente a um esporte radical (pular de paraquedas, fazer rapel, rafting etc.), mas também pode significar vivenciar algo totalmente fora do comum – degustar uma comida exótica ou visitar um castelo de outra era, por exemplo.

Pense em maneiras de ajudar os hóspedes a vivenciarem a cultura local, e use os diferenciais regionais para chamar a atenção daqueles que estão em busca da próxima aventura.

2. Experiências (premium)

As expectativas dos viajantes da atualidade giram em torno das experiências que eles vivem durante sua jornada. Nesse sentido, eles estão dispostos a pagar mais para terem acesso a experiências exclusivas ou *premium*.

Essa é uma oportunidade e tanto para o estabelecimento aumentar a satisfação dos hóspedes por meio do oferecimento de serviços extras, como transporte, massagens, lavanderia e serviços de turismo, como um guia/ ônibus que leve o hóspede para os principais pontos da cidade.

3. Saúde e bem-estar

Poder experimentar produtos e serviços focados em saúde e bem-estar é uma das prioridades dos viajantes da atualidade – especialmente quando se trata da escolha da hospedagem. Por isso, é muito importante que o hotel esteja atento a essa questão. Começando pela limpeza de todos os ambientes. Estar em um local com uma aparência limpa é o primeiro passo para o hóspede se sentir bem durante a sua estada.

Indo além, é importante oferecer também serviços especiais focados na saúde e no bem-estar dos viajantes. Seja por meio de um café da manhã mais saudável, seja com o oferecimento de atividades físicas.

Segundo A ABIH – Associação Brasileira da Indústria de Hotéis do Estado de SP (2020)

> O mercado hoteleiro emprega no Estado de SP mais de 105.000 profissionais diretos, hospeda diariamente 142.000 hóspedes gerando por ano mais de 51,1 milhões de diárias, que proporcionam para Economia de SP um montante superior de R$ 7,4 bilhões em diárias R$ 1,5 bilhões em A&B, isto sem considerarmos as convenções e eventos que ocorrem nos hotéis. O Estado de São Paulo é o maior emissor.

Atualmente, existem diversas classificações de hotéis, de acordo com as comodidades e os serviços oferecidos aos clientes. Essa classificação é geralmente feita por estrelas: um hotel de cinco estrelas é aquele que oferece o máximo em termos de conforto. No outro extremo, os hotéis de uma estrela oferecem unicamente o básico.

Independentemente da classificação do hotel, o que ressalto aqui é a importância da excelência no bom atendimento, pois sabemos que promover a melhor experiência para o cliente é essencial, e que de nada adianta atrair os hóspedes e não os conquistar pelo bom atendimento. Por isso, invista em treinamentos para a sua equipe, a fim de garantir que os grupos de viajantes que atrair se tornem clientes fiéis.

Referências

ABIHSP. Associação Brasileira da Indústria de Hotéis do Estado de São Paulo. Disponível em: https://www.abihsp.com.br. Acesso em 05 mar. de 2020.

Blog do Marcio Moraes. Disponível em: https://companhiadeviagem.blogosfera.uol.com.br/2017/08/14/hospitalidade-na-hotelaria-o-que-e/. Acesso em 12 mar. de 2020.

Blog do varejo. Disponível em: http://blog.gazinatacado.com.br/como-atender-as-expectativas-dos-viajantes-da-atualidade/. Acesso em: 09 mar. de 2020.

CARDOSO, Marília. *Como entender o consumidor 4.0?* Revista O Empreendedor Food Service e Revista Hotéis & Restaurantes – Março/2020 – Edição 30 – Artigo-Página 14 Consumidor.

HOTELFLOW. Disponível em: <https://www.hotelflow.com.br/blog/o-que-faz-um-recepcionista-e-qual-sua-importancia-para-o-hotel/>. Acesso em 07 abr. de 2020.

WIKIPÉDIA. Disponível em: https://pt.wikipedia.org/wiki/Hotelaria. Acesso em 03 mar. de 2020.

WIKIPÉDIA. Disponível em: https://pt.wikipedia.org/wiki/Hotel#A_hotelaria_no_Brasil. Acesso em 07 mar. de 2020.

ATENDIMENTO GERAL

15

O ATENDIMENTO NA ERA DIGITAL

As tecnologias inovadoras, como a inteligência artificial e o armazenamento em nuvem, incentivaram as interações entre consumidores e empresas, e o atendimento tornou-se mais rápido, objetivo e com menos barreiras locais. Neste capítulo, veremos meios de utilizar a inovação digital como uma grande aliada para garantir que a jornada de atendimento ao cliente seja satisfatória.

HELOIZA HELENA RAMOS

Heloiza Helena Ramos

Secretária executiva trilíngue pela Fundação Escola de Comércio Álvares Penteado. Introdução ao Design Educacional pelo NPT-USP. Educadora certificada pela Google. Há treze anos exercendo a profissão de secretária executiva, sendo nove anos na modalidade *online*, assessorando executivos e equipes de trabalho na gestão de processos/projetos, na contratação de serviços, em aplicativos colaborativos, na organização de eventos e na rotina secretarial. Experiência na gestão da aprendizagem em ambientes virtuais e em programas de desenvolvimento e formação de gestores/educadores, nas modalidades híbrida e EAD. Desenvolve recursos didáticos e objetos digitais de aprendizagem que apoiam a prática pedagógica de formadores, sendo responsável pelo planejamento, pela organização, pela comunicação e pelo registro das atividades educacionais e consultivas.

Contatos
hhsramos@gmail.com
LinkedIn: www.linkedin.com/in/heloizahelenaramos
11 97630 4241

O impacto no atendimento ao cliente pelas transformações digitais

KOTLER, KARTAJAYA e SETIAWAN (2017), autoridades do marketing, afirmam que, na era digital, os consumidores se conectam ativamente, fortalecendo ou enfraquecendo a atração da marca. O foco não está somente no atendimento e/ou no produto ofertado, e sim na experiência do cliente. A rede de atendimento (pesquisa, compra e pós-venda) tem de ser construída para que faça sentido, gere senso de fidelidade à marca e reflita em retenção, recompra e defesa da marca perante seus pares.

Quanto mais conhecimento tiver sobre os clientes, melhor será a interação com eles, pois, atualmente, estes buscam personalização no atendimento e querem sentir a exclusividade. Você sabe do que gostam, o que buscam, seus hábitos de consumo e suas necessidades? Cada conversa precisa ser única – é necessário parar e ouvir, captar os valores e as necessidades, e alinhar aos objetivos dele – para que ele se sinta especial e acolhido, em todos os sentidos.

Os canais de atendimento e a experiência do cliente

É necessário conhecer sobre os pontos dos principais canais digitais de atendimento, pensar em conteúdo para os diferentes tipos de canais e verificar quais são os de preferência de quem deseja entrar em contato com a sua empresa.

Telefone

Apesar das inovações tecnológicas, ainda é um dos principais canais quando a necessidade são a rapidez de resposta e um atendimento mais pessoal, além de ser inclusivo para pessoas com pouca intimidade com a tecnologia. Fornece para o cliente mais aproximação e humanização, desde que não caia em Unidades de Resposta Audível – URAs (aquela gravação com opções) – com menus intermináveis ou com uma música de espera que dura mais que uma apresentação de orquestra sinfônica. Uma URA inteligente, humanizada e bem construída direciona o cliente para o departamento adequado para solucionar as suas questões.

Ter uma equipe bem instruída sobre o negócio e disposta a caminhar ao lado do cliente, ouvindo-o e o apoiando de verdade, sem mensagens evasivas, garante um atendimento de qualidade e gera uma melhora expressiva no seu serviço.

Aplicativo de mensagens instantâneas

Aplicativos como o WhatsApp são canais de ampla utilização entre os clientes. A conversa, quando mantida síncrona, permite interações rápidas entre as partes e oferece respostas de forma ágil e mais satisfatórias.

Para garantir um atendimento de qualidade por meio de apps de mensagens instantâneas, é necessário atender às expectativas de tempo de resposta. Sendo assim, não demore para responder ao seu cliente ou, se não for possível prestar um atendimento em tempo integral (mesmo que em horário comercial), utilize mensagens de saudação, de ausência e respostas rápidas:

1. Mensagem de saudação: iniciamos com a saudação e a apresentação "Olá! Sou assistente da (nome da empresa)."; você pode informar sobre o horário de funcionamento ("Nosso horário de atendimento é das 10h às 17h."), solicitar informações sobre o atendimento ("Para que eu possa te ajudar, por favor, informe a etiqueta de serviço de seu equipamento ou o número do pedido de compra."), manter a expectativa ("Em breve um especialista de suporte falará com você por aqui.") e, se você tiver informação sobre dúvidas recorrentes, pode antecipar-se quanto ao assunto ("Caso não saiba onde encontrar essas informações, este link pode te ajudar.").

2. Mensagem de ausência: ameniza a espera do cliente e ajuda a manter o atendimento, mesmo estando ausente. Justifique a não resposta ("Olá, devido ao feriado municipal, retornaremos amanhã.") e antecipe assuntos ("Informe como podemos te ajudar."). Defina uma mensagem completa e satisfatória; caso contrário, a pessoa do outro lado da tela pode perder o interesse e você, o cliente.

3. Respostas rápidas: outra maneira de agilizar o retorno é utilizar respostas rápidas. São mensagens enviadas constantemente pela sua empresa e que podem ser convertidas em atalhos, para que, com apenas uma ou duas palavras-chave, você acesse toda a resposta. E faz com que não precise digitar a mesma solução toda vez, resultando na economia de pre-

ciosos minutos, ou até mesmo de horas. Você consegue pensar em algum exemplo? Diga uma resposta que você fornece constantemente aos seus visitantes e clientes. Agora, converta-a em resposta automática! Esses atalhos estão disponíveis em quase todos os canais de atendimento digital.

E-mail

O e-mail é um canal digital de simples gerenciamento e com ferramentas versáteis. Vejamos algumas ações para este tipo de canal:

1. Responda aos e-mails o mais breve possível, mas sempre com uma resposta assertiva e útil. Não adianta escrever "Recebi sua solicitação e responderei em breve". Se não for uma solução ou informação relevante, não polua a caixa de entrada de seu cliente. Caso a situação exija um tempo maior da sua parte para elaborar uma solução ou para formatar uma proposta, você pode resumir o processo e informar qual a estimativa para um retorno; por exemplo: "Em nossa reunião, abordamos os pontos de parceria entre o departamento de marketing e o de vendas (assunto tratado). Solicitei os resultados dos últimos KPIs (processo a ser realizado) e o termo completo para validação e assinatura será enviado no início da próxima semana (estimativa de envio)."

2. Mas não seja escravo da caixa de entrada; se for responder a todos os e-mails assim que aparecerem, você não fará mais nenhuma outra atividade. Crie uma rotina, determine um período para responder aos e-mails. Que tal estipular três horários: pela manhã, no início da tarde e antes de encerrar o expediente?

3. Capriche no texto! Escrever bons e-mails engaja o relacionamento com os seus clientes. Sempre se coloque no lugar do seu cliente e seja cuidadoso ao enviar um e-mail; faça uma breve revisão e observe coesão, coerência, ortografia e abreviações.

4. Utilize o e-mail para formalizar conversas e acordos. É uma forma segura de manter um histórico para ambas as partes. Sabe aquele desconto exclusivo que você prometeu por telefone, porque o cliente optou por não receber as imagens em 3D do projeto de *design* de interiores? Então. Formalize!

5. Utilize a ferramenta de modelos de mensagens de seu e-mail e crie *templates* com base em seus atendimentos mais comuns (como as respostas rápidas em aplicativos de mensagens instantâneas, sobre as quais conversamos). Utilize-a como base em seu atendimento, mas sempre com o cuidado de criar um relacionamento verdadeiro: mencione o

nome, contextualize com algo único e torne o atendimento mais pessoal. Você pode usar modelos de mensagens para boas-vindas, envio e recebimento de propostas, *follow-up*, prazo de confecção e entrega, envio de novidades etc.

6. Faça o *follow-up*. Enviou uma proposta e não teve retorno? Escreva perguntando se está com alguma dúvida e dizendo que você está disponível para agendar uma reunião. Ou faça um convite para assinar sua *newsletter* e suas promoções. Envie algo que seja relevante para o nicho do seu cliente. Mantenha um relacionamento com ele e aproveite para fortalecer laços.

Redes sociais

Ótima ferramenta para expor sua empresa e criar uma boa relação com seus clientes, pois os clientes sentem-se mais próximos para curtir, interagir e utilizarem como canal de atendimento. É constante o surgimento de redes sociais, mas, atualmente, temos como as mais utilizadas e conhecidas (rede social – meio de comunicação, respectivamente): Facebook – *messenger* ou *timeline*; Instagram – *direct*; YouTube – comentários; Twitter – *tweets* ou compartilhamentos; e LinkedIn – mensagens e comentários. Tendo cada uma delas abordagens diferenciadas.

Você não precisa estar em todas as redes sociais para se comunicar com o seu cliente; é como diz a máxima: "menos é mais". Saiba onde seu cliente está, como ele se comunica, que tipo de linguagem ele usa e qual imagem sua empresa pretende passar; e, assim, saberá em quais redes terá de abrir uma conta. Não adianta estar em diversas redes sociais se não conseguir administrar e manter um bom relacionamento com o seu cliente.

Falando em bom relacionamento com os clientes, tenha em mente que as redes sociais serão um dos primeiros locais a que seu cliente irá caso tenha alguma insatisfação. A fala é antiga, mas se faz muito presente: "Deu algo errado? Vou xingar muito no Twitter!" Isso significa que o cliente insatisfeito vai querer expor o problema para que todos vejam e para que você dê um retorno o mais rápido possível. A internet não perdoa e pode te "cancelar" em instantes.

Se isso acontecer, chame seu cliente para conversar em privado/*inbox* e demonstre a sua prestatividade em solucionar o problema dele. Quando for chamar seu cliente para uma conversa privada, escreva isso nos comentários, para que as demais pessoas vejam que você está de prontidão para resolver conflitos. E não exclua comentários negativos, a não ser que sejam ofensivos, e, mesmo assim, antes de deletá-los, explique que a empresa não aceita esse tipo de conduta e que, portanto, os comentários serão excluídos (ou até mesmo bloqueie quem os fez). Isso serve, também, em casos de discurso de ódio e afins em suas postagens.

Dicas:

- Em algumas redes sociais, como o Facebook e o Instagram, é indicado possuir uma página oficial da empresa, para diferenciar o perfil comercial do pessoal.
- Disponibilize FAQ, assim você responderá às principais dúvidas antes que elas possam chegar a você, e para não travar o processo de aquisição do seu cliente, o que aumenta a qualidade dos seus serviços.

Recursos para atendimento na era digital

Assistente virtual: chatbot

Em uma era cada vez mais digital, a Inteligência Artificial (IA) leva o atendimento a um novo nível, evoluindo a interação no atendimento e proporcionando uma experiência incrível.

Diversas empresas estão implantando *chatbots* (assistente virtual), que é um sistema ou programa de computador que simula uma conversa humana, com o intuito de economizar tempo e garantir um atendimento agradável aos clientes, envolvendo seus operadores de atendimento (habilidade humana) apenas quando for necessário. Pode-se utilizar uma estrutura de conversação básica ou um alto nível em IA.

O *chatbot* pode ser instalado em sites, nos apps da própria empresa e em aplicativos de mensagens instantâneas. Para obter todo o potencial de um assistente virtual, é necessária a contratação de softwares de parceiros (por exemplo, o acesso a API do WhatsApp Business é feito por meio de um *Solution Partner* ou um *Solution Provider*) para que você possa integrar os processos.

Omnichannel

Atualmente, o cliente não quer ter somente a opção de contatar a empresa por vários canais (multicanal), ele quer manter o relacionamento fluido, independentemente do canal acessado, e não quer também ter de explicar a mesma coisa a cada conversa. Quer pedir um orçamento via e-mail, mas encaminhar os demais dados pelo WhatsApp e solicitar a segunda via do boleto pelo Facebook, sem ter de fornecer todos os dados pessoais/de contrato/protocolos diversas vezes.

Omnichannel é uma plataforma de atendimento ao cliente que integra diversos canais digitais. O cliente tem toda a liberdade para conversar com a empresa por onde preferir durante toda a sua jornada. E a empresa poderá acompanhar o histórico unificado de cada cliente e resolver todas as suas solicitações na mesma plataforma, com toda a facilidade e a agilidade necessária.

Como otimizar o atendimento

Conquiste	Engaje	Encante	Cresça
• Conheça o perfil de seus clientes e visitantes • Saiba quais as necessidades deles • Invista em soluções que atendam às suas necessidades • Utilize canais de atendimento atrativos e intuitivos • Transforme seus visitantes em potenciais clientes	• Construa relacionamentos com seus clientes ao longo de todo o processo • Envie mensagens personalizadas • Anuncie novidades e incentive compras conforme o perfil • Acompanhe o desempenho da sua estratégia e faça ajustes, se necessário	• Segmente a sua estratégia com base no comportamento do seu cliente • Descomplique o seu atendimento e promova uma boa experiência para o cliente • Tenha clientes mais satisfeitos e dispostos a retornar e a te indicar • Trate seu cliente como seu par	• Potencialize sua capacidade de atendimento • Mantenha o excelente nível de satisfação dos seus clientes • Alinhe sua estratégia de suporte pós-compra pelos canais de vendas

Fonte: organizado pela autora (2020), com base nas pesquisas.

E, para finalizar, procure diferenciar o tom formal e o informal na comunicação, conforme o canal utilizado, com o objetivo de conquistar oportunidades, pois o cliente que desenvolve um bom relacionamento com a empresa tende a retornar, indicar e comprar com mais frequência.

Ao otimizar os canais de atendimento digitais, é essencial oferecer atendimento de qualidade, mantendo a excelente imagem do negócio e conquistando clientes a partir de uma experiência personalizada para cada perfil. Mantenha o foco na experiência do cliente.

Preocupe-se com o atendimento digital não humanizado e principalmente com o atendimento pessoal robotizado.

Referências

FACEBOOK. *Facebook for developers*. Disponível em: <https://developers.facebook.com/>. Acesso em 29 abr. 2020.

KOTLER, Philip; KARTAJAYA, Hermawan; SETIAWAN, Iwan. *Marketing 4.0*: *do tradicional ao digital*. Rio de Janeiro: Sextante, 2017.

16

O PROFISSIONAL DE SECRETARIADO E O ATENDIMENTO AOS CLIENTES INTERNO E EXTERNO

A arte de atender é atender com excelência. A atenção e o cuidado são primordiais para todo e qualquer tipo de serviço. Neste capítulo, é abordado como o profissional de secretariado deve estar totalmente ligado à excelência em atendimento ao cliente, tanto ao interno quanto ao externo. A riqueza do atendimento ao cliente está nos detalhes, pois quanto mais atento a eles, maior será a satisfação de seu cliente e o retorno será garantido. Trate seu cliente como gostaria de ser tratado. Foco no cliente!

KELI ANJOS E MÔNICA LIRA

Keli Anjos

Bacharel em Secretariado Executivo Bilíngue - Faculdade Sumaré/SP. Pós-graduada em Docência do Ensino Superior - UNIP. Atua como secretária há mais de 21 anos, assessorando presidentes, gerentes e diretorias. Colunista da revista digital *Executiva news* e coautora do livro *O futuro do secretariado: educação e profissionalismo* (Editora Literare Books Internacional). Facilitadora em cursos para profissionais de secretariado.

Contatos
www.kelianjos.com.br
kelipereira1982@yahoo.com.br
SRTE n. 0051359/SP
LinkedIn: www.linkedin.com/in/keli-pereira-dos-anjos-29622882
Instragram: @kelipereira1982
11 96703 8424

Mônica Lira

Bacharel em Secretariado Executivo Bilíngue pelas Faculdades Integradas Hebraico Renascença. Pós-graduada em Assessoria Executiva pela Universidade Ítalo Brasileira. Atua como assessora executiva há 30 anos, secretariando diretores e vice-presidentes. Participa de congressos/fóruns de secretariado executivo desde 2013.

Contatos:
monicalira70@gmail.com.br
SRTE n. 9.559
LinkedIn: Monica Lira
Instagram: @monica.lira.100
11 98455 0310

Somos o que repetidamente fazemos. A excelência não é um feito,
mas um hábito. (Aristóteles)

A excelência no atendimento é primordial, seja ele interno ou externo. Trate as pessoas como você gostaria de ser tratado, ou seja, com muito respeito e atenção.

Sabemos o quanto é difícil lidar com o ser humano, e todos os dias nos deparamos com os mais diversos tipos de pessoas, que possuem um temperamento diferente, um tipo de personalidade distinta.

Possuir uma comunicação adequada, aceitar o outro como ele é, ter facilidade de relacionamento, paciência, capacidade de reflexão e flexibilidade de comportamento são requisitos para um(a) secretário(a) executivo(a) atender ao seu cliente interno e externo.

O(a) secretário(a) trabalha para que os objetivos da organização sejam alcançados: focando nesse aspecto, o(a) profissional terá condições de dar mais atenção aos seus clientes.

Devemos nos lembrar de que não podemos misturar o lado pessoal com o profissional. Todavia, muitas pessoas não conseguem essa proeza, por isso, muitas vezes, temos um atendimento ruim em determinados locais, o que nos dá uma péssima primeira impressão. Aquele ditado que diz que "a primeira impressão é a que fica" realmente é verdadeiro, pois é o que acontece quando não somos tratados como queríamos, ou, pior, quando não conseguimos resolver o nosso problema. E isso fica marcado de tal maneira em nós, que não recomendamos a ninguém o serviço ou o produto.

A qualidade e a excelência no atendimento são essenciais, interna ou externamente. A pessoa que está atendendo sempre deve estar disposta, bem-humorada, solícita, empática e atenciosa, especialmente com as reclamações, para poder resolver o problema exposto.

Ir além do proposto é uma qualidade no atendimento ao cliente. Se, por exemplo, não conseguir resolver algum problema, é preciso ter a iniciativa

Keli Anjos e Mônica Lira | 149

de encaminhá-lo para uma pessoa que possa tentar solucioná-lo. Coloque-se no lugar do cliente: se fosse você, como gostaria de ser tratado?

Quando oferecemos o melhor de nós, certamente deixamos ótimas impressões para o cliente, e isso faz com que ele não apenas volte a nos procurar, mas também nos indique a outras pessoas. Portanto, o que esperam de nós é que superemos as expectativas do cliente.

Façamos como a Disney, com o seu jeito de encantar clientes. Lá, o deslumbre é tão grande, que somos chamados de "convidados". Quer melhor sensação que ser um convidado dentro de uma empresa e ser recebido com atendimento VIP (*very important person*)?

É esse o exemplo que devemos seguir para atender às necessidades dos nossos clientes. Encante-os, cative-os, conquiste cada um de uma maneira particular e personalizada. A felicidade está dentro de cada pessoa, já nasce com ela.

Segundo Brum (2010, p.18)

> Mas focar apenas a felicidade é uma visão simplista e, ao mesmo tempo, complexa demais. Cientistas calculam que 50% da felicidade de uma pessoa são determinados pela genética, 10% pelas circunstâncias de vida e 40% por pensamentos e ações.

As empresas buscam resultados. Os clientes fazem parte disso, sejam internos, sejam externos, e o(a) profissional de secretariado faz essa ponte entre o executivo e o cliente. De acordo com Brum (2010, p.18) "A felicidade depende diretamente da pessoa. Não há como atribuir a uma empresa a responsabilidade pela felicidade de alguém. Mas uma empresa é feita de pessoas. Portanto, quanto mais pessoas felizes trabalharem nela, melhor será o seu clima organizacional."

A maioria das pessoas não reclama do mau atendimento ou da qualidade dos serviços, simplesmente troca de prestador de serviços ou fornecedor de produtos.

Hoje em dia, oferecer um atendimento de boa qualidade não é apenas ter educação ou sorrir, e sim entender a "dor" do seu cliente e suprir as suas necessidades e expectativas, acolhendo-o de forma personalizada e, sobretudo, mostrando que ele é único e exclusivo.

Ter empatia é se colocar no lugar do cliente e analisar como você gostaria de ser tratado, ou seja, colocar-se no lugar do outro como ser humano.

Quem é o cliente interno?

Para o(a) secretário(a), diretamente, são os executivos assessorados e todos aqueles que fazem parte do nosso dia a dia dentro do ambiente de trabalho, como: copeira, mensageiro, porteiro, recepcionista, enfim, todos que cooperam dentro do ambiente interno.

"Um bom atendimento faz toda a diferença."

O atendimento ao seu cliente interno deve ser estratégico e não operacional, pois qualidade não é mais um diferencial: ou você se torna diferente ou ele se tornará indiferente a você.

O seu diretor (executivo) tem sempre algumas expectativas em relação ao atendimento. Ele espera de você:

- Conhecimento: que o(a) secretário(a) seja apto(a) a responder às perguntas e a tirar suas dúvidas;
- Agilidade: é a exatidão na execução do seu trabalho;
- Postura proativa: sempre prestando atenção nas particularidades;
- Prontidão: para responder às suas solicitações, com mais detalhes e antes do prazo;
- Bom humor: fator imprescindível ao profissional bem-sucedido. O mau humor é intolerável nas relações profissionais;
- Capacidade de ouvir adequadamente: esteja sempre atento(a), concentre-se, não interrompa a pessoa quando ela estiver expondo o problema a ser resolvido;
- Disposição: sempre vá ao encontro do seu cliente, resolva o problema como se ele fosse seu;
- Tranquilidade: tenha tranquilidade para solucionar o problema do seu cliente;
- Sinceridade: seja verdadeiro(a), transparente e ético(a);
- Comunicativo(a), com assertividade: dê informações precisas ao seu cliente;
- Sintonia no Ambiente de Trabalho: aprenda a lidar com as características do seu executivo e dos funcionários da empresa, o seu atendimento será um sucesso;
- Flexibilidade: lembre-se de que o ritmo de cada um é diferente.

Como secretário(a), você poderá se antecipar ao seu executivo ou ao seu colega de trabalho, pois terá conhecimento, com o tempo, dessa parceria e aprenderá a lidar efetivamente com todos.

Agora vamos falar do cliente externo?

Clientes externos são pessoas que nos ajudam indiretamente, pessoas que trabalham fora da empresa:

- Clientes que compram ou contratam nossos serviços;
- Fornecedores de matérias-primas para mão de obra;

- Prestadores de serviços;
- O(a) secretário(a) de uma determinada empresa: é o seu cliente externo, pois ele(a) possibilita o seu contato com outro diretor.

O perfil do cliente externo mudou. Antigamente, era um simples consumidor, mas agora ele busca: qualidade, excelência, satisfação nos serviços ou nos produtos que consome.

Essa evolução é influenciada pela tecnologia e por outros fatores, como a propaganda. O fato é que o mundo mudou, trazendo um perfil de cliente inovador: ele é mais ativo na hora de escolher o que deseja, busca por mais informações, é atento e avalia os concorrentes.

A forma como se atende a um cliente é que dirá se ele voltará ou não. Por isso, as empresas buscam por funcionários que saibam lidar com as pessoas de maneira satisfatória e que mantenham o foco no cliente, tornando-o fiel ao seu produto/serviço.

E nunca se esqueça de que o cliente externo é a razão da existência do trabalho em uma empresa. Uma empresa sem clientes: fecha;

Uma empresa sem clientes: quebra;

Uma empresa sem clientes: deixa de existir.

O atendimento pode ser de três maneiras: presencial, por telefone ou virtual.

Atendimento por telefone

- Use um tom agradável e amável;
- Chame a pessoa pelo nome: se não souber, pergunte e anote para não esquecer;
- Não empregue palavras desconhecidas, como siglas;
- Não fique pensando na resposta enquanto o cliente fala, preste atenção no que ele deseja, qual a sua dor, o que ele necessita e, caso não consiga ajudar, peça ajuda para quem possa resolver o problema; enfim, tenha empatia, pois poderia ser você no lugar desse cliente;
- Tenha sempre à mão: papel e caneta;
- Não permita que a conversa vá para o pessoal;
- Evite palavras no diminutivo;
- Tenha humildade em assumir erros.

Atendimento presencial

- Seja agradável e solícito;
- Cumprimente-o sempre pelo nome: se não souber, pergunte;

152 | Meu cliente subiu no telhado... E agora?

- Tenha respeito, ética, imparcialidade, sem discriminação;
- Detenha informações sobre o produto e o serviço;
- Procure manter o seu tom, mesmo que o cliente esteja nervoso, falando em tom mais alto: ofereça água, café e, por fim, tente acalmá-lo o(a) secretário(a) sempre consegue), pois você é a imagem viva da empresa;
- Caso não tenha um atendimento VIP, anote a reclamação e procure resolver com um gerente e/ou um diretor de outra área.

Atendimento virtual

Por e-mail ou pelas redes sociais (depende da ferramenta disponibilizada pela sua empresa). Requer os mesmos cuidados do atendimento telefônico ou pessoal:

- Certifique-se de que as informações enviadas estão corretas, revise sempre;
- Demonstre interesse não só à pessoa, mas também ao assunto que está sendo tratado;
- Pergunte ao cliente o que ele quer, o que precisa e o que espera;
- Investigue como o cliente avalia os produtos/serviços que lhe são prestados, pois quem sabe enxergar o futuro, sempre sai na frente.

O mundo corporativo precisa de pessoas e profissionais sempre prontos a visualizar de maneira diferente as situações do dia a dia empresarial.

Crie experiência: a experiência está ligada à emoção de cada pessoa. Quando temos uma experiência boa com um determinado atendimento ou serviço, voltamos e o indicamos. No entanto, se a experiência for ruim, decerto não haverá indicação, e seu negócio não irá crescer como o esperado.

E assim são as experiências pelas quais passamos na vida, boas ou ruins, mas cabe a você definir qual é a que quer oferecer ao seu cliente, seja ele interno, seja ele externo.

Você só terá uma única chance de causar uma boa e primeira impressão, compreendendo que a magia do atendimento se encontra nos detalhes.

"Magia" não é uma palavra muito usada no mundo corporativo. Ela não é listada nos balanços patrimoniais (apesar de ser possível dizer que intangíveis contábeis como "reputação" incluem a magia). O seu pessoal da contabilidade provavelmente não mensura o retorno sobre o investimento da magia, nem amortiza a magia do período de 30 anos. Contudo a magia é uma palavra comum nos círculos executivos da *The Walt Disney Company*. "A magia de passar as férias da Disney", diz Michael

Eisner, "é, para mim, a magia da qualidade, a magia da inovação, a magia da beleza, a magia de encontros familiares, a magia dos nossos membros do elenco. Todas essas coisas meio que se misturam". (EISNER, 2011, p. 17).

Eisner reforça, na citação acima, a importância de um atendimento com excelência e qualidade, e nos diz que a magia está nos pequenos detalhes. Foco no cliente!

Se você pode sonhar, você pode realizar. (Walt Disney)

Referências

ALONSO, Maria Ester Cambréa. *A arte de assessorar executivos*. São Paulo: Edições Pulsar, 2002.

BRUM, Analisa de Medeiros. *Endomarketing de A a Z: como alinhar o pensamento das pessoas à estratégia da empresa*. São Paulo: Integrare, 2010.

EDIÇÃO de Negócios – Garanta seu Cliente, Editora Escala, 2017.

EISNER, Michael. *O jeito Disney de encantar clientes*. São Paulo: Editora Saraiva, 2011.

MARTINS, Cibele Barsalini; D'ELIA, Bete. *Modelos de Gestão no Contexto do Profissional de Secretariado/Organizadoras*. Florianópolis: Departamento de Ciências e Administração/UFSC, 2015.

NEIVA, E. Garcia; D'ELIA, M. E. S. *As novas competências do profissional de secretariado executivo*. 2. ed. São Paulo: IOB, 2009.

17

ATENDIMENTO PESSOAL: RECEPÇÃO AOS CLIENTES

Sabemos que o cliente, ao procurar uma empresa para tratar de assuntos de seu interesse, segue diretamente para a recepção. Por isso, é importante que esse profissional que o recebe esteja apto para atender a essa pessoa, sempre de forma agradável e cordial. Neste capítulo, apresentamos dicas importantes sobre a arte de receber bem, que, quando colocadas em prática, podem trazer um grande resultado à empresa.

ARIANE PRADO SOUZA

Ariane Prado Souza

Graduada em Secretariado Executivo Trilíngue pela FECAP e pós-graduanda em Administração de Empresas pela FGV. Concluiu o Curso Preparatório para Docência em Secretariado (CPDAS). Atua há mais de 15 anos na área de secretariado como assessora executiva de presidências e diretorias executivas em empresas multinacionais e nacionais de grande porte, em funções administrativas, em auditoria interna, em governança corporativa, estratégica e suporte a assuntos pessoais.

Contatos
arianepradosouza@gmail.com
LinkedIn: www.linkedin.com/in/ariane-prado-5387004a/
11 99374 2634

A excelência no atendimento há muito deixou de ser um diferencial, tornando-se necessidade básica em qualquer negócio. O fator determinante para a perda de clientes, segundo pesquisa da Accenture Strategy, é o mau atendimento, potencializado pelo efeito cascata instantâneo nas redes sociais. Quem é mal atendido coloca em xeque a reputação de uma empresa com apenas uma postagem.

A máxima daquele velho ditado popular que diz que "a primeira impressão é a que fica" ainda deve ser refletida com sabedoria, considerando que uma boa recepção é essencial tanto para prospectar e fidelizar clientes quanto para a segurança e para os serviços da organização.

Pensando nisso, para terem sucesso e solidez nos negócios, é importante para as empresas valorizarem não só o cliente, mas os profissionais que estão estrategicamente posicionados na entrada dos estabelecimentos. E sem se esquecer: um profissional mal orientado é tanto ou mais problemático que a ausência dele nessa posição.

Pensando nisso, proponho a atividade dirigida a seguir:

1. Baseado no trecho acima, vamos conceituar o perfil de excelência em atendimentos de recepção, contemplando todos os segmentos da ocupação (ambiente, postura, aparência, formação etc.).
2. As atribuições do cargo mudam de acordo com a atuação da empresa. Baseando-se no sentido amplo, quais atribuições são inerentes ao cargo?

Atendimento*; *substantivo masculino*

1. Ato ou efeito de atender.
2. Maneira como habitualmente são atendidos os usuários de determinado serviço.
3. Lugar ou seção onde se atende o público; recepção.

---

* Fonte: dicio.com.br

As três chaves para um atendimento de qualidade:

- OUVIR o que as pessoas têm a dizer.
- CONSIDERAR os sentimentos de cada um (alegria, nervosismo, euforia, desânimo etc.).
- COMPREENDER a importância das pessoas para nós e para a nossa empresa.

Mas para que serve o atendimento?

- Recepcionar: receber bem as pessoas, passar uma imagem positiva e prestar um serviço excelente.
- Informar: esclarecer possíveis dúvidas.
- Orientar: indicar opções e ajudar na tomada de decisões.
- Filtrar: diagnosticar a necessidade de determinado público.
- Amenizar: acalmar os ânimos e fazer esperar.
- Agilizar: evitar desperdício de tempo.

A imagem está diretamente ligada ao atendimento, pois é durante o atendimento que o público terá uma impressão boa ou má da empresa. E de que público estamos falando?

- Público interno: todos os funcionários que compõem o quadro da empresa, sejam próprios ou contratados.
- Público externo: pessoas físicas e/ou jurídicas que procuram os produtos ou os serviços de uma empresa.

Para iniciar um bom atendimento e consequentemente gerar um bom relacionamento, devemos necessariamente: olhar para o cliente; sorrir para ele; saudá-lo ("Bom dia!", "Boa tarde!", "Boa noite!"); fazer uma pausa para ouvi-lo; e informar e sanar suas dúvidas.

Comportamentos que fazem a diferença no atendimento

Um bom atendimento é o primeiro passo para se destacar e fidelizar clientes. Por isso, é muito importante que o profissional da área tenha conhecimento das mais variadas formas de abordagem para que os clientes compreendam com facilidade os serviços oferecidos pela empresa.

Mesmo atendendo aos mais variados perfis, um bom gestor aprende a enfrentar as críticas e, com elas, melhorar seus processos. A seguir, destacamos seis dicas cruciais para aprimorar o seu desempenho na recepção:

1. **Cuidado no atendimento:** seja rápido, atencioso, disposto a ouvir e nunca deixe o cliente sem resposta;
2. **Desenvolva sua inteligência emocional** e controle o seu humor nas adversidades;
3. **Cuide da comunicação escrita e verbal:** a informação deve ser clara, flexível e objetiva;
4. **Seja organizado:** faça um *checklist* das tarefas, defina prioridades e trabalhe o seu senso de urgência;
5. **Administre o seu tempo:** planeje-se e organize a sua rotina, sem afetar outras atividades;
6. **Invista sempre em capacitação profissional e atualize seus conhecimentos:** aprendizado nunca é demais!

Não menos importante, a despedida deve ter uma especial atenção, e devemos sempre ser discretos, estarmos agradecidos pela visita e, se possível, acompanharmos o cliente até a saída.

Pequenos lembretes para um bom atendimento

- Esteja sempre bem apresentável;
- Seja agradável;
- Mostre interesse pelo seu trabalho;
- Conheça as atividades de outros setores da empresa;
- Esteja inteirado dos acontecimentos relevantes (**alerta:** isto não significa intromissão!).

Tome nota:

Bom atendimento é oferecer um pouco a mais do que o cliente espera. Atendimento excelente é ter satisfação em oferecer aos outros aquilo que VOCÊ esperaria receber!

Técnicas básicas para um atendimento excelente

Fazer as pessoas se sentirem especiais, demonstrar atitude positiva, transmitir mensagens com clareza e demonstrar bastante entusiasmo são as principais regras para que você dê aos clientes exatamente o que gostaria de receber quando é recepcionado por alguém.

- Atendê-lo como se fosse único. Que nota você se dá neste quesito? Lembre-se: atender bem não é um problema da empresa. Quem atende bem vive melhor. E o porquê de tudo isso? Atendimento é qualidade de vida para quem dá e para quem recebe. Se você quer viver melhor, preocupe-se em atender ao próximo com destreza, e assim ganhará admiradores.
- Empatia. Coloque-se no lugar do cliente, sempre.
- Simpatia. Todos nós preferimos ser atendidos por aquela pessoa de "cara boa", concorda?
- Seja objetivo. Atenda com o espírito de quem buscará uma solução definitiva para superar as expectativas do cliente.
- Ótima apresentação pessoal. Não precisamos nem comentar muito, não é?
- Entusiasmo. Esta é uma arma secreta. Um sorriso sincero, repetir o nome do cliente e usar um tom de voz suave demonstram realmente que você se importa.
- Vícios de linguagem, gírias e intimidade. Simplesmente evite, e se policie.
- Respeito. O cliente merece e exige.

Regra de ouro

Os clientes querem ser ouvidos, compreendidos, atendidos, respeitados e tratados de maneira justa, inteligente e personalizada.

Agora vou te dar *todas* as dicas para a *excelência* em seu atendimento. Coloque-as em prática e seja feliz!

No atendimento excelente...

- ...você executa seu trabalho conforme prometido, preocupando-se fortemente com a satisfação e o bem-estar dos que estão sendo servidos.
- ...você age com responsabilidade, senso de utilidade, bondade, sentido de renúncia, iniciativa, simplicidade, vontade de ajudar e compromisso com os clientes.
- ...você sabe exatamente o que o cliente precisa sem que ele precise pedir por isso.

- ...você cumprimenta os que chegam com educação, fazendo com que se sintam acolhidos.
- ...você se antecipa e procura fazer até o impossível para ajudar o cliente.
- ...você faz o melhor pelo cliente, sempre se desculpando das poucas vezes que não conseguir fazer mais.
- ...você se despede dos seus clientes de forma inesquecivelmente atenciosa, respeitosa e educada.

Enfim, um bom atendimento é o que todos esperam, mas atendimento excelente é o que poucos conseguem.

Convido você agora para uma reflexão:

Como anda o atendimento da sua empresa? Bom ou excelente? O que você tem feito para melhorar isso?

Lembre-se: a escolha é sua, todos os dias.

Atendimento pessoal na era da tecnologia

Considerando que os clientes são pessoas únicas, de gerações diversas e com um jeito característico de se comunicar com determinada marca, de se expressar e de compartilhar sua opinião, é importante que as empresas estejam preparadas para oferecer uma experiência multicanal, seja pelas redes sociais, seja por chat ou telefone. Não basta estar sempre conectada, é preciso que cada canal funcione de maneira independente ou integrado, surpreendendo o cliente de forma positiva, com respostas rápidas, atendimento individual e personalizado, e, principalmente, solucionando seus problemas.

A tecnologia, inclusive, é uma grande aliada no fornecimento de informações sobre cada um dos clientes. A inteligência artificial e o *big data* **são exemplos de que é possível a consolidação de dados,** do histórico de correlação entre cliente e marca, além das preferências, dos hábitos e das expectativas futuras.

Em outras palavras, o atendimento é essencial no mundo empresarial, seja com clientes, seja com funcionários ou fornecedores. Ele diferencia e direciona o sucesso (ou não) do negócio.

Escolher pessoas que se encaixem no perfil de negócio e que entendam seu propósito e o papel que vão desenvolver para chegar ao objetivo de encantar o cliente são aspectos essenciais.

Ah, e nunca se esqueça: a palavra de ordem para a excelência neste quesito é treinamento. Afinal, aprimoramento sempre começamos, mas nunca terminamos!

Referências

ACCENTURY. Disponível em: <https://www.accenture.com/us-en/about/strategy-index>. Acesso em 10 de jan. de 2020.

BOTTINI. Disponível em: <https://www.cirobottini.com.br/artigos>. Acesso em 13 de jan. de 2020.

IBC. Instituto Brasileiro de Coaching. Disponível em: <ibccoaching.com.br>. Acesso em 20 de fev. de 2020.

SEBRAE. Serviço Brasileiro de Apoio às Micro e Pequenas Empresas. Disponível em: <www.sebrae.com.br>. Acesso em 20 de fev. de 2020.

18

ATENDIMENTO TELEFÔNICO COM ÊNFASE NO REMOTO/VIRTUAL

Neste capítulo será abordado o atendimento telefônico, com destaque para a modalidade remota/virtual, assim como as dicas para um bom atendimento e as habilidades para formar um atendente eficiente. As empresas utilizam-se das tecnologias disponíveis para oferecer um excelente atendimento ao cliente. Contudo, uma equipe mal treinada pode acarretar um atendimento telefônico falho e ineficiente.

MARCELA HOSNE ARDITO E PAOLA ALMEIDA

Marcela Hosne Ardito

Graduada em Secretariado Executivo Trilíngue pela Fecap (2005) e em Pedagogia pela Unisantanna (2007); pós-graduada em Gestão Estratégica pela Unisal (2011) e em Formação de Docentes em Administração pela FEA–USP (2014). MBA em Gestão de Pessoas pela FMU (2019). Participante do COINS – Congresso Internacional de Secretariado – em 2013 e 2015, sendo a organizadora do evento em 2017. Coautora do livro *O futuro do secretariado: educação e profissionalismo* (Editora Literare Books International, 2019).

Contatos
marcela.hosne31@gmail.com
Instagram: @marcela.hosne31
LinkedIn: www.linkedin.com/in/marcela-hosne-ardito-89781a29/
11 99993 3302

Paola Almeida

Formação técnica em Secretariado; bacharelado em Secretariado Executivo Bilíngue, pelo Centro Universitário Sumaré (2012); pós-graduada em Didática e Metodologia para o Ensino Superior, pela Faculdade Anhanguera (2014); MBA em Psicologia Positiva e Desenvolvimento Humano, pelo IPOG (2019). 30 anos de experiência como secretária executiva em empresas de grande porte, atuando, nos últimos 15 anos, como coordenadora de gabinete no Conselho Regional de Farmácia. Palestrante em ONGs e em cursos de graduação.

Contatos
paolaalmeidaf@gmail.com
Instagram: almeidapaolaf
LinkedIn: www.linkedin.com/in/paola-almeida-frederico-1b483533/
11 95677 1182

Se você faz bons produtos, torne-os ainda melhores. Se faz um bom atendimento e entrega serviços de qualidade, então este é o seu negócio.
Steve Jobs

Apesar da modernização da comunicação nas últimas décadas, o telefone ainda é um instrumento indispensável. Por isso, é necessário levar em conta alguns fatores na comunicação com os clientes.

É importante não esquecer da qualidade necessária no atendimento que acontece também nas ligações internas, pois pode comprometer o fluxo da comunicação e a agilidade no andamento dos negócios da empresa.

Deve-se sempre tratar bem o cliente. Não se esquecer de que você também ocupa esse lugar, e deseja receber um bom atendimento, sendo tratado com respeito. Troque de papel para conseguir identificar.

Outros pontos importantes:

• Caso o destinatário da ligação não esteja disponível para atendê-lo, jamais peça para o cliente ligar mais tarde ou novamente. Quem deve retornar a ligação é quem recebeu a chamada;
• Nunca diga "ele não se encontra", afinal ele não está perdido. Diga apenas "ele não está". Por medida de segurança, evite detalhar onde está o executivo, apenas diga que está indisponível no momento;
• Use um tom de voz firme, claro e gentil ao telefone. Evite gírias, diminutivos, gritos, intimidades ("amor", "bem", "querida(o)");
• Caso esteja resfriado, evite tossir ou espirrar ao telefone enquanto fala. Peça um minuto e coloque o telefone em "espera". Caso a situação esteja crítica, peça desculpas e ligue em seguida, quando estiver se sentindo melhor;
• Procure ser natural ao telefone;
• Tente se conter com clientes mal-educados ou nervosos. Mantenha a classe e a postura, e tente acalmá-lo. Jamais os interrompa, grite ou seja agressivo;

- Na necessidade de anotar um recado para o executivo ou um colega de departamento, tenha sempre à mão papel e caneta; escreva com letra legível e anote os dados corretamente. Atenção: não faça o cliente repetir várias vezes o recado. O mesmo critério é válido para recados transmitidos por WhatsApp ou e-mail;
- Por fim, quando telefonar para alguém, identifique-se dizendo seu nome e o nome da empresa que representa, e o motivo da ligação. Assim, evitará aqueles intermináveis e cansativos diálogos.

Atendimento virtual e compartilhado

A economia compartilhada de serviços, empresas e profissionais especializados e qualificados busca a melhoria na qualidade do atendimento, a agilidade e a economia de recursos.

Como essa modalidade acontece? Os profissionais que são treinados em atendimento ao cliente representam a empresa quando o telefone toca. E isso acontece sem utilização de infraestrutura e de escritório físico, e sem burocracia.

Imagine ter disponível um atendimento profissional e especializado 24 horas por dia, toda vez que algum potencial cliente, fornecedor e até mesmo parceiro de negócios entrar em contato com a empresa. Seria ótimo, não?

É justamente essa a função desempenhada pelo atendimento virtual/ remoto.

Como funciona?

Quando o serviço é contratado, recebe-se um número fixo de fácil memorização para a divulgação nos materiais de marketing e de vendas (website, mídias sociais, flyers, panfletos, cartões de visitas etc.).

Assim, caso a empresa ainda não possua um número fixo, a facilidade disponibilizada profissionaliza o atendimento.

Quando os clientes ligarem para o número, existem duas opções:

1. Pode-se transferir as chamadas do número divulgado para o telefone fixo do escritório ou para um celular, e o executivo atende às ligações; ou
2. A empresa pode definir que os atendentes virtuais atendam à chamada em nome da empresa, fornecendo o primeiro contato aos clientes, que, posteriormente, receberão um extrato do atendimento via e-mail ou SMS.

Como última sugestão, pode-se juntar as duas opções: redirecionar as chamadas para o celular do executivo, podendo ser recuperada pelos atendentes, em caso de impossibilidade de a chamada ser atendida.

Dessa forma, a empresa terá um time de colaboradores para servir e atender à companhia, e ainda garantir a qualidade do atendimento, enquanto profissionaliza ainda mais o negócio.

Habilidades para um bom atendimento

Na maioria das vezes, o telefone é a porta de entrada da empresa. Por isso, ao atender a uma ligação, deve-se agir como quem recebe alguém pessoalmente e deve-se ter alguns cuidados simples para ser gentil e elegante.

A boa preparação de um atendimento tem como objetivo tornar a ligação que será realizada a mais eficaz possível. Deve-se ter todas as informações necessárias em mãos para que não ocorra nenhum constrangimento ou falhas na comunicação.

Abaixo, algumas habilidades que contribuirão para um atendimento eficiente:

• Saber ouvir. O cliente precisa ser ouvido com atenção plena e focada. Interações no atendimento podem ser particularmente difíceis quando ele está chateado. As pessoas que estão no atendimento precisam mostrar paciência, permitindo que todos expliquem a situação e, se necessário, peçam mais detalhes. Os clientes devem ser os únicos a decidir se estão satisfeitos com o atendimento recebido, nunca o profissional responsável pelo atendimento.

• Saber comunicar-se. É essencial estabelecer uma comunicação clara, o que pode significar articular-se claramente ao telefone e até mesmo fazer um esforço para soletrar corretamente as palavras necessárias. Significa, ainda, não deixar de fora nenhuma informação importante e perguntar aos clientes se eles entenderam tudo e se precisam de algum esclarecimento.

• Saber identificar o que o cliente deseja e precisa. Os atendentes devem ser completos, para fornecerem uma experiência de atendimento ao cliente de qualidade, tomarem medidas, como consultar outro departamento da empresa, para buscarem informações relevantes, agendarem chamada de retornos quando necessário, e para saberem quando se faz necessário transferi-lo para um canal mais apropriado e eficaz. Essas medidas economizam tempo e energia para conquistar a lealdade do cliente.

• Ser gentil e educado. São elementos básicos no relacionamento e são o mínimo desejado. A maneira como os atendentes oferecem seu serviço trará grande impacto na experiência do cliente e, possivelmente, poderá ser responsável pela fidelização a uma marca.

Utilização correta do telefone

- Usar corretamente o aparelho telefônico – evitar manter o fone entre o ombro e o pescoço (o que pode provocar problemas físicos, além de dificultar a fala);
- Atenda rapidamente – se possível, no primeiro toque (para evitar irritações e congestionamentos da linha);
- Buscar dar soluções aos problemas e às necessidades;
- Não confiar na memória – usar lápis e caderno para anotar as informações necessárias;
- Não desligar o telefone com violência e nunca antes de o cliente se despedir.

Dicas para o atendimento em *home office*

Tendo em vista o crescente número de atendimentos virtuais na atual realidade, é possível a atuação do atendente em sua residência. Seguem digas valiosas para o desempenho dessa tarefa:

Ao adotar esse tipo de trabalho, o profissional pode, a princípio, ter dificuldades para organizar as tarefas. Contudo, será apenas um momento de adaptação, pois as atividades serão as mesmas praticadas em seu ambiente profissional.

Disciplina é a palavra-chave. Trabalhar em casa pode gerar distrações que afetam a produtividade. Faça uma lista, logo de manhã, das tarefas que deverá realizar durante a jornada. Conte com os imprevistos.

Procure ter um local para realizar o seu trabalho, organize-o com base nos mesmos materiais que utilizaria em sua mesa na empresa, de preferência onde apenas você tenha acesso, que não seja um lugar comum a todos. Mantenha o lugar ventilado. Personalize esse local para que fique agradável. Comunique à família que estará em horário de trabalho.

Para aqueles que possuem filhos: planeje o dia deles antecipadamente, de acordo com a idade. Mesmo com tudo programado, as crianças poderão ficar entediadas, frustradas e quebrarão as regras de tempos em tempos, portanto, seja paciente. Quando o silêncio for crucial, explique a importância de não ser interrompido, sinalize que deverão aguardar a informação sobre a sua disponibilidade.

Você, como profissional, já sabe da sua importância dentro do processo de trabalho. Então, embora a distância, continue tendo iniciativa e sendo proativo.

Uso do aparelho celular

A prática do uso de celulares corporativos, tanto com a finalidade de atendimento remoto quanto na extensão do horário comercial, é uma prática bastante comum.

A utilização do celular com eficiência deve seguir as mesmas regras já mencionadas; contudo, é necessário atentar-se para algumas peculiaridades, pois seu uso indevido pode ocasionar gafes e constrangimentos desnecessários.

Respeite os horários comerciais para realizar ligações, sempre perguntando se o receptor pode falar naquele momento.

Caso atender a uma ligação particular seja importante, desculpe-se e peça permissão antes de aceitá-la. Fale discretamente e seja breve. De preferência, retire-se do local onde se encontra para atendê-la.

Nos ambientes corporativos, mantenha o celular de uso particular no modo silencioso.

O celular deverá estar desligado em palestras, shows, teatros, entrevistas e reuniões.

Quando se fala ao telefone celular, é comum aumentar o tom de voz. Procure falar baixo.

Mantenha papel por perto para que anote os recados, da mesma forma que faria ao atender a um telefone fixo.

Quando um telefone celular alheio estiver tocando, não o atenda na ausência do seu dono. Telefone celular é um objeto pessoal.

O usuário de telefone celular deve ser ponderado, cortês e respeitar as pessoas à sua volta.

Conversas e mensagens de texto tendem a distrair as pessoas, evite utilizar essas modalidades em ambientes corporativos para a troca de mensagens particulares.

O WhatsApp é uma ferramenta utilizada largamente nas organizações, mas fique atento em responder às mensagens com português correto, clareza e agilidade. Não utilize gírias.

Respeite as pessoas que estão ao seu redor. Dê atenção completa a elas; não responda a mensagens enquanto estiver conversando pessoalmente com alguém.

Conclusão

A comunicação entre as pessoas é algo multíplice, haja vista que transmitir uma mensagem para outra pessoa e fazê-la compreender sua essência são tarefas que envolvem inúmeras variáveis, que as transformam em um desafio constante para todos.

Essa complexidade aumenta quando não há contato visual, como ocorre ao telefone, quando a voz é o único instrumento capaz de transmitir a mensagem de um emissor para um receptor.

A normatização do atendimento fará com que se tenha um sistema que garanta uniformidade, rapidez, presteza e, sobretudo, qualidade e eficácia no atendimento telefônico.

Pelos motivos expostos, torna-se essencial o treinamento constante dos responsáveis pelo atendimento telefônico nas organizações, seja qual for a modalidade de atuação, presencial ou a distância. Afinal, o primeiro contato com a empresa é como um cartão de visitas.

Se não houver esforços em disponibilizar o melhor atendimento telefônico, mesmo que possa parecer uma tarefa simples, poderá haver impacto direto na confiança do cliente em depositar tarefas de maior relevância na organização, o que certamente trará prejuízos, muitas vezes irremediáveis.

Referências

12 dicas de etiqueta ao telefone. 2015 Disponível em: <http://www.elegantesempre.com.br/br/destaques/etiqueta-ao-telefone/>. Acesso em abr. 2020.

Atendedimento telefônico: respondendo a quem secretaria. Disponível em: <http://a-secretaria-que-faz.blogspot.com/2014/03/atendimento-telefonico-respondendo-quem.html>. Acesso em 18 de dez. 2020.

Como treinar recepcionistas a prestarem o melhor atendimento ao cliente. Disponível em: <https://passadori.com.br/como-melhorar-o-atendimento-ao-cliente/>. Acesso em abr. 2020.

Super Secretárias ao Telefone, 2011. Disponível em: <http://www.supersecretariaexecutiva.com.br/secretariado/super-secretarias-ao-telefone>. Acesso em abr. de 2020.

TONET, Helena Correa; RODRIGUES, Denize Ferreira; VERGARA, Sylvia Helena Constant. *Excelência no atendimento ao cliente*. Rio de Janeiro: Editora FGV, 2014.

19

COMPETÊNCIAS ESSENCIAIS PARA UM EXCELENTE ATENDIMENTO

As competências estão presentes em todas as áreas de atuação, sejam elas comportamentais, sejam elas técnicas. Entender como elas funcionam e devem ser aplicadas é a melhor forma de prestar um excelente atendimento ao cliente.

ELÍDIA RIBEIRO

Elídia Ribeiro

Pós-graduanda em Docência para o Ensino Superior pelo Senac; MBA em Gestão de Eventos pela Universidade Anhembi Morumbi. Especialista em Gestão Empresarial para Secretárias pela Universidade Metodista de São Paulo. Graduação em Secretariado Executivo Trilíngue pela Universidade São Judas Tadeu. Possui 22 anos de experiência como secretária executiva em empresa de grande porte, assessorando acionistas, conselho administrativo e *family office*. Coautora do livro *O futuro do secretariado: educação e profissionalismo*, lançado pela editora Literare Books International em 2019.

Contatos
elidiar1512@gmail.com
LinkedIn: Elidia Ribeiro
Instagram: @elidia_ribeiro

As empresas não são pagas para reeducar os clientes. Elas são pagas para satisfazer os clientes. (Peter Drucker)

O início deste capítulo traz algumas reflexões, tais como: "O que é o atendimento ao cliente?", "De que forma eu, como cliente, gosto de ser atendida(o)?", "O que eu, enquanto empresa, posso fazer para dar um ótimo atendimento ao meu cliente?".

São muitas perguntas, e várias respostas, mas um único objetivo: a excelência no atendimento. Pensando nisso, é importante que a empresa defina, de forma clara e objetiva, quais são sua missão, sua visão e seus valores. E, em seguida, que seus colaboradores sejam treinados de acordo com esses valores.

Para analisar o ponto de vista do cliente, conhecer suas necessidades e seus desejos, seria interessante atentar-se para alguns pontos: saber as preferências, de acordo com idade e gênero; descobrir os desejos; entender o que o cliente procura; determinar os padrões de atendimento; e aplicar os resultados obtidos com as pesquisas realizadas. Com base nesse levantamento e com o perfil definido, é fundamental apresentar a empresa aos seus colaboradores, para que sejam fiéis aos seus valores, além de investir em treinamento contínuo.

Conceito de competência

Fleury (2001, p.188) define competência como "um saber agir responsável e reconhecido, que implica mobilizar, integrar, transferir conhecimentos, recursos, habilidades que agreguem valor econômico à organização e valor social ao indivíduo".

De acordo com Dutra (2001), há uma relação íntima entre as competências organizacionais e as individuais; portanto, o estabelecimento das competências individuais deve estar vinculado à reflexão sobre as competências organizacionais, uma vez que há uma influência mútua entre elas.

Muitos autores definem competências como um conjunto de conhecimentos, habilidades e atitudes, que podem ser classificadas em técnicas e comportamentais.

Em diversas organizações, observam-se com maior ênfase as comportamentais, pois é possível desenvolver as habilidades técnicas com mais facilidade. Além disso, as relações humanas estão cada vez mais presentes, apesar de toda a evolução tecnológica.

As competências precisam estar presentes em todo e qualquer atendimento ao cliente, seja no contato pessoal, no telefônico ou no digital.

Competências essenciais para um excelente atendimento ao cliente

- **Agilidade**

Analisar os dados e as informações; ter rapidez na resolução de problemas e na apresentação de soluções, utilizando-se de uma comunicação clara. O raciocínio lógico poderá se juntar à agilidade quando da necessidade de tomar uma decisão rápida ou de oferecer uma nova proposta.

- **Comunicação**

Uma das competências mais importantes para qualquer área de atuação, e não somente para o atendimento ao cliente.

Na competência de comunicação, encontram-se dois tipos de linguagem: verbal e não verbal. A primeira trata da linguagem oral e escrita; já a segunda está relacionada à parte gestual, corporal e facial. Serão destacadas aqui apenas as linguagens verbais: oral e escrita.

Oral: procurar ter o domínio da língua portuguesa, com coerência, desenvoltura e objetividade. Não utilizar vícios de linguagem, principalmente o gerundismo, pois é desagradável ao interlocutor. Usar uma comunicação clara ao passar as informações e saber falar com todos os públicos, independentemente de sua classe social.

Escrita: utilizar a gramática corretamente, expressar-se de forma clara e objetiva. Cuidado especial para não colocar mais informações que o necessário, pois algo que poderia ser simples torna-se confuso e de difícil compreensão. Evitar a redundância.

- **Cortesia**

Segundo o Disney Institute (2011, p. 44):

> O padrão de atendimento da cortesia requer que cada convidado seja tratado como VIP – uma pessoa muito importante. Realizar esse padrão implica mais do que simplesmente tratar as pessoas como gostaríamos de ser tratados; implica tratá-las como elas querem ser tratadas, com reconhecimento e respeito por suas emoções, habilidades e culturas.

Para isso, é importante ouvir a necessidade do cliente, responder às perguntas de forma correta e não mecanicamente, além de respeitar a individualidade. Ser educado, saber ouvir, ser gentil ao passar a informação, civilizado ao agir. Enfim, tratar o cliente como ele quer ser tratado: com respeito, com clareza nas informações e com objetividade. Escutar o que a pessoa está falando e responder à pergunta feita.

- **Criatividade**

Está entre as cinco competências mais importantes no mundo corporativo, porém ninguém nasce criativo: torna-se ao longo da vida. Muitas pessoas acreditam que é algo complicado, que nunca conseguirão, e acabam desistindo, porque não se acham capazes. Assistir a vídeos, ler livros, artigos, reportagens e conversar sobre diversos temas trará o conhecimento que poderá ser aplicado em um momento futuro, na busca por alguma solução. Às vezes, algo que parece simples, sem importância ou significado, pode se transformar em um grande projeto.

É importante usar a sensibilidade, a intuição e a capacidade de inovação para propor soluções. O profissional criativo encontrará a resposta para aquilo que parece ser impossível, pois não terá medo de ousar ou de apresentar a sua ideia.

- **Empatia**

É a capacidade de se colocar no lugar do outro, de entender o seu problema, enxergar pela sua perspectiva, não julgar, mas pensar em como gostaria de ser tratado. É importante sentir a necessidade do cliente, respeitar o seu tempo e tentar compreendê-lo para poder ajudá-lo. Junte-se a isso a cordialidade, o bom senso e a simpatia.

A empatia também pode ser praticada com a equipe de trabalho, pois, além de melhorar o relacionamento, será fundamental no contato com o cliente, já que aprender a se colocar no lugar do outro nos torna mais sensíveis.

- **Inteligência emocional**

De acordo com Goleman (2011, p. 18):

> Enquanto a inteligência emocional determina nosso potencial para aprender os fundamentos do autodomínio e afins, nossa competência emocional mostra o quanto desse potencial dominamos de maneira que ele se traduza em capacidades profissionais.

É uma das competências mais exigidas atualmente no mercado de trabalho, pois, em alguns casos, torna-se mais importante que o conhecimento técnico. É preciso entender que, muitas vezes, o cliente já passou por várias etapas de atendimento e está insatisfeito porque não encontrou a solução. Isso não deve ser relacionado ao profissional, mas com a situação. Nesse momento, o controle emocional ajudará a entender o cliente e a situação, e a propor a melhor resolução do problema.

Não se pode deixar de incluir a resiliência, que é a habilidade de compreender as dificuldades e as experiências negativas vividas, de tirar aprendizado da situação e de não deixar que isso interfira no agora ou no relacionamento com o cliente, e no ambiente de trabalho.

Vai se destacar o profissional que possuir um elevado nível de autoconhecimento, pois tem noção dos seus limites e de suas competências. E tudo isso é a capacidade de reconhecer e avaliar os seus próprios sentimentos e os dos outros.

- **Proatividade**

Antecipar-se ao problema, envolver-se com a situação do cliente e buscar a melhor solução. Nesse momento, é essencial ser um bom ouvinte, usar a empatia e exceder às expectativas, e utilizar-se de uma resolução rápida e eficaz. Ser ágil e ter iniciativa, oferecendo-lhe o que ele procura ou algo melhor.

Todo cliente espera encontrar um profissional qualificado para atendê-lo, e que resolva o seu problema, isso é uma habilidade necessária para quem trabalha com atendimento. Junte-se à proatividade a capacidade de análise, pois é necessário saber entender todos os pontos informados pelo cliente, considerar os fatos, avaliar a(s) causa(s) e encontrar a solução.

- **Trabalho em equipe**

Segundo Perrenoud (2000 p. 81), "trabalhar em equipe é, portanto, uma questão de competências e pressupõe igualmente a convicção de que a cooperação é um valor profissional".

Ninguém faz nada sozinho, portanto, é preciso cooperar, deixar a individualidade de lado e pensar no coletivo, ter humildade para ensinar e aprender. Expressar-se de forma clara e objetiva, transmitir confiança, ter empatia, apresentar ideias, propor mudanças e melhorias. Os benefícios que serão conquistados para o departamento e para a empresa refletirão em um atendimento de excelência.

Um jogador de futebol, mesmo que seja o melhor do mundo, não ganha um título sozinho; será necessário ter um time completo, um treinador e toda uma equipe técnica. Mas, para isso, terão de estar alinhados, com o mesmo propósito, terão de trabalhar em conjunto, defender, dar o passe, chutar a gol. Cada qual, com sua capacidade técnica e seu talento, fará com que o time alcance o objetivo desejado.

Da mesma forma será no ambiente corporativo: peças do mesmo time não podem ser rivais, precisam jogar pelo mesmo objetivo.

- **Flexibilidade**

Fundamental para lidar com o cliente, a flexibilidade permitirá um atendimento em que se encontrará meios diferentes de chegar ao objetivo desejado, tendo como pontos fortes saber ouvir e a disponibilidade para aprender. Permitir-se novas experiências e aprendizados, não sendo o dono da razão e entendendo que pode realizar o trabalho de forma diferente, apresentando um melhor resultado.

Segundo o IBC Coaching (2019), "entende-se como flexibilidade no ambiente de trabalho a habilidade que o profissional tem de se adaptar aos mais diferentes cenários, interagindo, com maior facilidade e rapidez, com estas novas realidades".

- **Bom humor**

Imprescindível para o relacionamento com o cliente e no ambiente de trabalho. Sorrir libera substâncias químicas associadas ao bem-estar, como a endorfina, que faz bem à saúde física e mental. Além disso, a oxitocina, liberada com a risada, ajuda na memória e no processamento de informações.

O bom humor aproxima as pessoas, gera empatia, transmite confiança e facilita o atendimento, pois deixa o cliente à vontade. Pessoas bem-humoradas mantêm um ambiente de trabalho agradável, pois ninguém quer trabalhar ou ser atendido por um profissional de mau humor. Além disso, pensamentos positivos atraem coisas boas.

A Sociedade Brasileira de Inteligência Emocional (SBIE, 2016) cita cinco dicas para manter o bom humor: prepare-se para o dia; reconheça pontos positivos; desligue-se; seja positivo; tenha controle emocional.

- **Relacionamento interpessoal**

Em primeiro lugar, empatia e respeito para lidar com o outro, seguidos de uma comunicação clara e efetiva. Sentir-se bem com as pessoas com as quais se trabalha facilitará a resolução de conflitos, possibilitará a aceitação da ideia ou da crítica do colega e refletirá no resultado.

A comunicação precisa estar presente em todos os relacionamentos, principalmente no corporativo, pois fará com que a equipe esteja coesa, alinhada com as informações e as atualizações. É importante saber o momento de falar e de ouvir, respeitando o colega de trabalho ou o cliente, colocando o seu ponto de vista e dando a oportunidade de o outro expor a sua opinião.

Em um relacionamento interpessoal, é necessário que haja troca de experiências, em que cada um poderá colaborar com as suas ideias e habilidades. Isso trará um grande crescimento individual e à equipe.

Concluindo, é importante ressaltar que a empresa precisa estar voltada para o foco do cliente e criar estratégias para garantir o que seu público deseja. Treinar os seus colaboradores e incentivá-los a oferecer o melhor, de forma que conheça o seu cliente, entenda as suas necessidades, mantenha contato, supere as suas expectativas, seja leal e apresente excelência no atendimento. Um sorriso no rosto pode ser visto ou sentido, independente da forma de atendimento.

Um cliente satisfeito sempre voltará e será fiel ao produto/serviço oferecido. Por isso, um atendimento de qualidade deve prestar atenção aos detalhes, e saber identificá-los fará toda a diferença. É válido observar que, por meio do relacionamento, irão se criar novas propostas, pois é a partir dele que se surgem melhores formas de atendimento e uma prestação de serviços cada vez mais completa e eficaz.

> *Atendimento de qualidade significa superar as expectativas dos convidados e prestar atenção aos detalhes.*
> Disney Institute

Referências

DISNEY INSTITUTE. *O jeito Disney de encantar os clientes: do atendimento excepcional ao nunca parar de crescer e acreditar.* Pref. Michael D. Eisner. Trad. Cristina Yamagami. São Paulo: Saraiva, 2011.

DUTRA, JOEL. *Gestão por competências: um modelo avançado para o gerenciamento de pessoas.* São Paulo: Editora Gente, 2001.

ÉPOCA Negócios. Disponível em: <https://epocanegocios.globo.com/Carreira/noticia/2017/07/por-que-o-humor-e-importante-para-os-negocios.html>. Acesso em: 21 mar. 2020.

EXAME. Disponível em: <https://exame.abril.com.br/carreira/10-competencias-que-todo-professional-vai-precisar-ate-2020/>. Acesso em 21 mar. 2020.

FLEURY, A. & FLEURY, M. "Construindo o conceito de competência". In: *Revista de Administração Contemporânea.* n. Edição Especial. 2001. p. 183–196.

GOLEMAN, DANIEL. *Inteligência emocional.* Trad. Marcos Santarrita. Rio de Janeiro: Objetiva, 2011.

IBC. Instituto Brasileiro de Coaching. Disponível em: <https://www.ibc-coaching.com.br/portal/afinal-o-que-e-ser-flexivel-no-trabalho/>. Acesso em: 16 mai. 2020.

PERRENOUD, Philippe. *10 Novas Competências para ensinar*. Tradução. Patricia Chittonni Ramos. Porto Alegre: Artmed Editora, 2000.

SBIE. *Dicas para manter o bom humor no trabalho*. Disponível em: <https://www.sbie.com.br/blog/5-dicas-para-estimular-o-bom-humor-no-ambiente-de-trabalho/>. Acesso em: 16 mai. 2020.

20

A ARTE DA COMUNICAÇÃO

O que a música, a pintura, o cinema e a fotografia têm em comum com a comunicação? Neste capítulo, vamos entender e simplificar o processo de comunicação que envolve todas as modalidades de arte e que têm, em comum, o objetivo de passar uma mensagem, transmitir uma informação, cada qual com seu meio e suas características. Um processo natural, mas que exige atenção.

MÁRCIA SOBOSLAY

Márcia Soboslay

Secretária Executiva há 36 anos. Formação técnica em Secretariado; graduação em Análise de Sistemas; e pós-graduada em Docência no Ensino Superior. Trabalho exercido em grandes empresas nacionais e multinacionais, como Sharp do Brasil, HP e Grupo Votorantim, no qual, há mais de 21 anos, presta assessoria direta e exclusiva a um dos acionistas. Coautora do livro *O futuro do secretariado: educação e profissionalismo* (Editora Literare Books International, 2019). Palestrante e docente sobre temas ligados à língua portuguesa, como redação empresarial, nova ortografia e comunicação assertiva. Escritora e redatora de artigos diversos, inclusive para revistas especializadas da área secretarial.

Contatos:
msoboslay@hotmail.com
LinkedIn: @masoboslay
Instagram: @masoboslay
11 99904 5010

A comunicação não é aquilo que eu falo e, sim, o que outro
entende.
(Autor desconhecido)

Por mais que pareça simples, natural e, muitas vezes, automático, o processo de comunicação envolve vários elementos que podem comprometer a sua eficácia e, principalmente, o seu resultado, ou seja, o correto entendimento da mensagem que se quer transmitir.

Para que o processo de comunicação tenha sucesso é preciso analisar e praticar alguns conceitos, pois a comunicação só se realiza quando a informação é passada de forma completa, clara e objetiva.

E quando falamos em comunicação, referimo-nos à sua forma escrita, falada, vista, ouvida. Cada uma dessas formas possui características diferentes, porém com um objetivo comum: que a mensagem transmitida seja entendida corretamente.

Mas o que significa exatamente "ser entendido"? Aquele que passa uma mensagem, seu emissor, obviamente espera que ela seja interpretada pelo seu receptor exatamente da forma como ele a transmitiu. No entanto, esse entendimento não é garantido, visto que há diversos fatores que interferem na transmissão de uma mensagem. São eles: habilidades de comunicação, isto é, a capacidade de falar, ouvir, ler e refletir sobre o objeto da comunicação; o nível de conhecimento sobre o assunto em questão; a condição sociocultural; a escolha do vocabulário adequado ao nível cultural do receptor e, até mesmo, entre pessoas de diferentes culturas; a postura facial e corporal do emissor da mensagem etc. Ou seja, são muitos os fatores que influenciam o processo de transmissão de uma mensagem, diminuindo, assim, a garantia de que ela será interpretada exatamente como o seu emissor espera.

Ser entendido!

Este é, sem dúvida, o principal objetivo e o maior desafio da comunicação.

E aqui vale uma observação: a interpretação de uma mensagem tem peso e importância diferentes para cada modalidade de comunicação, e depende do conteúdo da mensagem e da qualificação do receptor. Para ilustrar, vamos ao mundo da pintura. A interpretação que cada pessoa faz ao ver um determinado quadro não interfere naquilo que o seu autor quis transmitir com aquela arte e não altera a real intenção do pintor ao fazê-la, ou seja, não modifica o processo da comunicação. Isso também acontece com o cinema, com a dança, com a fotografia. A interpretação do receptor não altera o propósito do emissor. O resultado desse processo de comunicação não depende da clareza do emissor, e sim da identidade do receptor com o tema e, de certa forma, com a emoção que a mensagem lhe proporciona.

Essa situação ocorre predominantemente no ramo das artes já descritas acima. No entanto, na quase totalidade das relações humanas, a correta interpretação das mensagens é essencial para o sucesso e a continuidade saudável da comunicação. Nesse caso, a responsabilidade de transmitir corretamente a mensagem é, majoritariamente, do emissor. E é ele quem tem de driblar os "ruídos", os já mencionados fatores que interferem na transmissão da sua mensagem.

Informação *vs.* Comunicação

Informação é o ato de dar conhecimento, noticiar, advertir, ensinar, instruir. Comunicação é a relação entre o emissor e o receptor da mensagem. E a comunicação eficaz acontece quando a mensagem é compreendida corretamente e faz sentido ao seu receptor.

No mundo corporativo, segundo Malandro (2004, p. 17), "informação é o que você dá às pessoas para ajudá-las a desempenhar o seu trabalho. Comunicação é a maneira de incentivar as pessoas a passarem a bola para a frente".

Usando como exemplo um controlador de voos, imagine: o que pode acontecer se ele transmitir uma informação errada para o piloto de um avião? Sim, uma tragédia. Nesse processo, o coordenador de voo é totalmente responsável pela integridade da mensagem e pela garantia de seu correto entendimento pelo piloto. Para a eficácia desse processo, ele deve estar atento a todos os possíveis fatores que podem comprometer o entendimento da mensagem e precisa rapidamente eliminá-los, além de se certificar de que a mensagem foi perfeitamente entendida.

Esse é só um exemplo da importância da interpretação de mensagens que, se não forem corretamente assimiladas, podem causar vários e sérios problemas. No entanto, não podemos nos basear somente em situações extremas. Seja no campo da aviação, seja em qualquer outra área do mundo corporativo, o fato é que a correta interpretação das mensagens que são transmitidas através de diversos meios de comunicação é imprescindível para a continuidade do processo, para a sobrevivência das empresas, dos negócios e dos empregos. Não é nenhum exagero afirmar que um erro de entendimento pode causar uma tragédia nos negócios.

Não há oficialmente um estudo estatístico sobre a quantidade de mensagens enviadas diariamente, mas é fácil perceber que, atualmente, as mensagens eletrônicas dominam o mundo das comunicações. No entanto, sua praticidade, aliada à habitual urgência dos negócios, coloca em risco a qualidade, a precisão, o verdadeiro objetivo e o correto sentido da mensagem.

Comunicação eficaz é comunicação responsável e, para isso, é necessário:

- Expressar-se com clareza;
- Ser direto e objetivo;
- Usar vocabulário adequado e estrutura gramaticalmente correta;
- Assumir a responsabilidade pela integridade de suas palavras;
- Corrigir-se rapidamente, quando necessário.

Essas dicas valem não somente para as mensagens eletrônicas, como também para todas as outras formas de comunicação, como, por exemplo, campanhas publicitárias, placas de sinalização e orientação, políticas internas, descrição de processos industriais e administrativos, e até mesmo uma conversa informal. Sempre lembrando que, independentemente de sua forma, seu meio ou sua linguagem, os objetivos da comunicação são: passar uma mensagem e que essa mensagem seja compreendida absolutamente sem erros.

O desafio está lançado!

Como garantir que a mensagem seja entendida corretamente por aquele que a recebe e a interpreta? O receptor pode ser uma única pessoa, um pequeno grupo ou milhares de pessoas. Pode, até mesmo, ser milhões de pessoas, quando se trata de uma mensagem global, a qual deve atingir toda a população mundial, como no caso do descobrimento de uma nova vacina, uma mudança nas regras de imigração etc.

Cada uma dessas situações requer uma linguagem, um meio, uma forma diferente para transmitir a mensagem. É importante estudar o público-alvo, fazer pesquisas, escolher a melhor ferramenta, o método e o meio mais adequados, e a linguagem mais assertiva.

O sucesso de um processo de comunicação envolve as seguintes reflexões:

- O que se pretende transmitir, esclarecer, solicitar, noticiar?
- Quem vai receber a mensagem?
- Qual é o melhor meio para que a mensagem atinja o seu público-alvo?
- Que linguagem devo usar?
- Qual método é mais eficaz?

Todas essas perguntas devem ser feitas de maneira consciente e suas respostas analisadas criteriosamente e de forma responsável, já que o mundo corporativo exige formalidade e clareza nas informações. Já no cotidiano, as respostas a essas perguntas surgem de forma natural, espontânea e, muitas vezes, inconsciente, pois não fazemos todas essas reflexões durante uma conversa informal. No entanto, o objetivo principal de sermos entendidos corretamente sempre norteia as nossas falas e, por isso, mesmo de forma não racional, devemos buscar as palavras certas para expressar nossos pensamentos e sentimentos. Afinal, cada receptor filtra a mensagem conforme sua trajetória pessoal, suas ideologias, suas experiências, suas preferências etc. Isso aumenta, consideravelmente, a responsabilidade do emissor em encontrar a forma mais apropriada de transmissão da mensagem para o seu receptor.

Meu cliente, minha razão de existir.

Mesmo que essa frase pareça um pouco exagerada, quando se trata de negócios, não é errado afirmar que as empresas só sobrevivem quando existem clientes. E quando o assunto é comunicação, fica ainda mais claro e óbvio que a transmissão de uma mensagem e o seu correto entendimento por parte dos clientes são questões de sobrevivência corporativa.

Engana-se aquele que acredita que estratégias de comunicação são importantes apenas para empresas de grande porte. A estratégia de uma boa comunicação vale para qualquer tipo de negócio, de qualquer tamanho ou segmento, e para todo e qualquer tipo de cliente. O que diferencia essas situações é que uma grande empresa tem mais recursos tecnológicos e humanos, maior abrangência territorial, utilizam diversos meios de comunicação (TV, rádio, canais digitais) e, com isso, atingem um número maior de clientes. No entanto, em todas as situações, e para todas as empresas, o que importa mesmo é o cliente final, aquele que vai comprar o seu produto ou serviço, seja ele real ou virtual. E basta uma palavra errada, um erro de português, um tom mais ríspido, um gesto menos gentil, uma informação incorreta ou incompleta, e toda a estratégia de comunicação será perdida.

Esse é o ponto-chave deste livro: o cliente, nosso protagonista e o principal foco de todo o processo de comunicação.

O cliente final, quem efetivamente vai adquirir o seu produto ou serviço, só vai fazê-lo se tiver respostas para todas as suas dúvidas e sentir confiança nas informações recebidas. Isso vale para o cliente que vai comprar cimento para a sua obra, para aquele que vai fazer um tratamento dentário em uma clínica odontológica, para o outro que vai comprar um imóvel e para aquele que busca uma consultoria para fazer um grande investimento financeiro. Informação clara, objetiva, transparente, completa e responsável é a ferramenta essencial para conquistar e fidelizar todos os tipos de clientes.

Para falar e encantar

A sustentabilidade de seu negócio e a conquista de novos clientes estão diretamente relacionadas a uma comunicação eficaz sobre seu produto ou serviço. E para garantir o sucesso da comunicação é necessário:

- Pesquisar e analisar as necessidades e as expectativas de seus clientes atuais e futuros.
- Avaliar quais informações seu cliente precisa receber para garantir a escolha do seu produto ou serviço.
- Escolher o meio mais adequado para alcançar o seu cliente, de forma presencial ou eletrônica, seja esse cliente real ou virtual.
- Usar uma linguagem que o seu cliente consiga entender. Evitar jargões, formalidade excessiva e erros de português.
- Ser honesto. Não prometer aquilo que não cumprirá.
- Colocar-se no lugar do seu cliente.

O avanço e a praticidade da tecnologia tornaram os processos de comunicação mais ágeis, as mensagens, mais curtas e objetivas, e gerou um volume exponencial de informações. A urgência perdeu o sentido de exceção. A ansiedade por leitura rápida e a expectativa de respostas imediatas compromete a interpretação das mensagens e aumenta o risco de erros.

As mensagens eletrônicas podem alcançar qualquer região do planeta em segundos, difundindo negócios, abrindo novos mercados e conectando clientes mesmo em locais onde o seu produto ou serviço ainda não seja comercializado. É a imagem da sua empresa circulando globalmente, o que dá à comunicação um peso ainda maior na criação e na manutenção de uma positiva reputação corporativa.

Sua imagem: não basta conquistar, é preciso manter

Atualmente, há diversos órgãos e instituições que registram as reclamações de clientes de toda e qualquer empresa, seja ela pública ou privada, independentemente de seu porte ou segmento. Essas reclamações estão disponíveis na Internet e possibilitam a todos consultar a reputação da sua empresa antes mesmo de realizar alguma negociação.

Da mesma forma que a comunicação pode promover renome e prestígio para uma empresa, para um produto ou serviço, qualquer deslize, mesmo pequeno, pode significar a destruição de um negócio, até mesmo daqueles já consolidados no mercado, e, em alguns casos, de forma definitiva.

No que se refere à comunicação escrita, basta um erro gramatical, uma palavra usada inadequadamente, uma frase incompleta ou erros de pontuação, e a sua mensagem poderá ser deturpada e produzir um desastre corporativo.

Na comunicação pessoal, além do vocabulário correto e adequado ao nível do receptor da mensagem, outros fatores são essenciais para o sucesso da comunicação: a postura do emissor, os gestos, o seu tom de voz, sua interação com o receptor e a sua atenção às respostas.

É claro que o sucesso do seu negócio não depende exclusivamente da comunicação, mas ela é, sem dúvida, um dos principais pilares para a manutenção do seu produto ou serviço no mercado. E essa é uma relação muito frágil.

O pulo do gato

Apesar de complexo e cheio de armadilhas, o processo de comunicação pode ser simples e eficaz desde que alguns hábitos sejam praticados sempre: a leitura, a disposição em ajustar a mensagem para facilitar o seu entendimento, a receptividade para comentários, dúvidas e opiniões contrárias, a humildade para reconhecer os erros e a agilidade para corrigi-los.

Priorize o seu cliente, encante-o continuamente, alie-se à tecnologia e humanize-se!

Referência

MALANDRO, Loretta A. *Estratégias de comunicação: a linguagem dos líderes.* São Paulo: Editora Phorte, 2004.

21

REGRAS DE OURO NO ATENDIMENTO

Nada mais será como antes, e isso é válido também na nova forma de se relacionar e comunicar. Comunicar-se de forma poderosa, é ter transparência em seu conteúdo, é ser claro e objetivo. Criar vínculo com seu ouvinte é se tornar único e potencializar chances de crescimento profissional e pessoal. O atendimento personalizado será cada vez mais necessário no mundo das relações digitais, e o atendimento empático com certeza será o diferencial para o atendimento presencial. Afinal, ser ouvido e se sentir especial é o que todos buscam em todas as relações.

SIMONE TIE IIZUKA DOS REIS

Simone Tie Iizuka dos Reis

Secretária executiva, com mais de 15 anos de experiência. Graduada em Secretariado Executivo Trilíngue pela FECAP, e docente na área, também é formada pela Business & International Communication School, pela California State University e pela Escola Conquer. Iniciou sua carreira na área pública, no Instituto de Terras do Estado de São Paulo, como assessora de gabinete do diretor agrário. Trabalhou na ESPN como secretária do diretor de jornalismo e foi assistente executiva do presidente e CEO do Buscapé Company. Também atuou em dois escritórios multinacionais de advocacia. Atualmente, é assistente executiva na Natura &Co, grupo global de beleza, formado por Avon, Natura, The Body Shop e Aesop, atendendo ao vice-presidente de Sustentabilidade e Assuntos Corporativos e a mais três diretores globais nas áreas de Estratégia, Recursos Humanos, Relações Governamentais e Relações Públicas.

Contatos
LinkedIn: www.linkedin.com/in/simone-tie-iizuka-dos-reis-01a25a34/
Instagram: @simonetie

Regras de ouro no atendimento

Simplicidade no comunicar: quanto mais a informação for transparente, objetiva, simples e direta, mais ela será entendida com maior facilidade.

"Regras de ouro no atendimento" foi escrito para você, que busca meios de como se comunicar de forma poderosa e visa potencializar chances de crescimento profissional e pessoal, tornando-se referência em suas relações.

Empatia, objetividade, agilidade, postura, habilidade em se adaptar aos diferentes níveis de público, aprender a ouvir na essência, atenção à sua fala, acertar o momento certo para falar e transparência no comunicar são habilidades que deveríamos buscar a evolução contínua. A CNV é considerada uma nova ferramenta de comunicação, e desenvolver essas habilidades abre portas para se destacar em meios profissionais e pessoais. Para os que atuam como líderes, em cargos que exigem controle sobre equipes, quanto mais houver desenvoltura com a visão humanista e com a inteligência emocional, mais esses profissionais irão se destacar como sinônimo de liderar com talento, entendendo que o cuidado com o outro é tão importante, que os resultados gerados conseguem impactar na fidelidade dos clientes e nos resultados financeiros.

A empatia permite enxergar o mundo a partir da perspectiva da outra pessoa e entender as possíveis razões para as suas atitudes. Também ajuda a perceber o impacto das nossas ações nas pessoas que nos cercam.

Quando bem empregada no meio corporativo, a CNV favorece a manifestação de todos os colaboradores e das lideranças, criando um ambiente acolhedor. Isso não significa que não haverá debates ou discussões, e sim que será mais fácil chegar a um consenso.

Os quatro pilares que Rosenberg apresente em seu livro, *Comunicação Não-Violenta* (2006) têm a capacidade de aprimorar e superar as expectativas, fazendo com que o outro se sinta valorizado. O cuidado com a comunicação com o cliente nunca esteve tão em evidência.

Pilar da consciência: olhar para si mesmo sem julgamentos; identificar suas forças e fraquezas. Avaliar como tem sido a sua comunicação, tendo como guias a colaboração, a compaixão, a autenticidade e a coragem.

Pilar da linguagem: seja ela verbal, seja não verbal (sua postura corporal diante de algumas situações dirá mais que palavras), tem o poder de unir ou afastar as pessoas, de gerar e solucionar conflitos, ou não. Entender essa máxima é essencial, a linguagem está no cerne de qualquer tipo de comunicação, por isso a importância de pensar antes de agir e comunicar algo.

Pilar da comunicação: assimilar os possíveis impactos da linguagem, saber como pedir e como ouvir. Vale começar nos perguntando se estamos, de fato, ouvindo, ou se apenas estamos esperando nossa vez de falar e de tentar convencer o outro de que o nosso ponto de vista é o correto. Tenha em mente que opiniões distintas são comuns e que não precisam se tornar pretexto para um conflito; não precisa concordar com todos, nem todos precisam concordar com você, mas se respeitarem a opinião alheia, já estarão na metade do caminho para encontrar uma solução eficiente.

Pilar da influência: o diferencial será na qualidade da individualidade.

Paes de Barros, cita em seu *docplayer* (Doc Player número 82706273 que "a autenticidade gera empatia, que gera influência".

Rosário (2019, em entrevista exclusiva. p. 00), contextualiza esses pilares voltados para o meio digital, para potencializar o sucesso na comunicação assertiva, porque existe a carência de profissionais habilitados para uma comunicação eficaz e diretiva:

> O digital mudou as regras e a ordem das coisas. Nesta nova realidade, o sucesso depende do quão rápido você consegue se adaptar e evoluir com as mudanças. No mundo dos negócios hoje, 80% das decisões das pessoas são emocionais e baseadas em experiências. Com o crescimento tecnológico, as experiências estão se tornando cada vez mais híbridas, ou seja, uma mistura do online com o *offline*. Por isso, nunca foi tão necessário transformar relações e como você cria a experiência para resultar em uma conexão afetiva com o seu público estratégico. Diante desse cenário VUCA (traduzindo para o português: Volátil, Incerto, Complexo e Ambíguo), é fundamental adotar um *mindset* e uma postura flexíveis, visando agregar cada vez mais valor por meio de novas ferramentas tecnológicas. Em outras palavras, a única estratégia que certamente falhará é não arriscar e não tentar. Não podemos mais nos apegar a processos e velhos métodos de trabalho.

Quando mudamos nossa forma de nos comunicar, baseados no UX *(user experience)* os produtos e as propagandas tornam-se *cases* de sucesso. Mas, afinal, como conseguir atingir a meta?

Ter uma escuta ativa e colocar o cliente no centro das suas necessidades resultam em tornar o seu produto único dentro do mercado, um objeto de desejo do consumidor ou cliente.

A comunicação clara e objetiva e o seu *design* é mais que dar uma bela aparência, é um ato de comunicação em que deve haver um profundo conhecimento e a compreensão sobre com quem se está comunicando. Você não compra apenas um produto ou serviço, compra pela conexão com a marca.

Comunicação visual e empática

A empatia melhora relacionamentos pessoais e profissionais, gerando confiança. Temos a clareza de que nada será como antes; portanto, adotar um novo *mindset*/comportamento será tão importante quanto aprender uma língua estrangeira. Não existem padrões a serem seguidos dentro da comunicação com o seu cliente, mas existe o toque pessoal, individual e único.

Para saber se a sua comunicação está dentro da forma empática, um meio muito confiável é o *feedback* (retorno de informações), que é importantíssimo para mostrar como o efeito chega até o outro. Sem retorno, acabamos repetindo erros habituais e ficamos frustrados por não conseguir atingir o nosso objetivo. Como primeiro passo, torne-se um observador atento e sensível a pessoas e à maneira como tudo interage. Para aprender, primeiramente, observe a si mesmo para atentar-se, então, ao outro. Um olhar com atenção gera uma reflexão para muitas coisas. Afinal, estar centrado no lado humano é muito significativo, e é a razão pela qual este assunto está e estará em alta nos próximos anos dentro do entendimento amplo do que é comunicação. Estabelecer afinidade com seu ouvinte é a troca mais rica da Comunicação, é um ato de confiança, os pensamentos tem a mesma base ou ideologia, por isso algumas marcas tem tantos seguidores ou consumidores assíduos.

Para trazer mais inteligibilidade sobre empatia, Kekligian aborda o tema com artigos nesse contexto. A empatia é a verdade absoluta do que você transmite. Quando o *rapport (*palavra de origem francesa que significa "trazer de volta, repetição de ações e comportamentos) é criado entre você e outra pessoa, uma conexão e um vínculo são adquiridos, permitindo uma capacidade de compreensão sem preconceitos ou julgamentos.

A empatia é um superpoder de poucos, mas está à disposição de todos.

Você não se torna empático de uma hora para outra, mas pode desenvolver essa habilidade, fazendo com que ela seja um talento seu.

Um exemplo de comunicação eficaz e empática é a *Disney World,* sendo modelo de sucesso no meio da comunicação e dos negócios. Seu atendimento ao cliente é tão exemplar, que livros e estudos foram desenvolvidos englobando seus procedimentos e padrões.

O parque é conhecido carinhosamente por "onde os sonhos se tornam realidade" (*Where Dreams Come True*), fazendo jus ao seu padrão de excelência.

Geralmente, pessoas portadoras de necessidades especiais não esperam um atendimento em linguagem de sinais, sendo comum que a família ou os amigos se encarreguem da comunicação (infelizmente); elas não esperam que seu personagem favorito acompanhe o cadeirante até o seu brinquedo favorito.

É comum locais com grande concentração de público terem apenas placas indicativas ou em braile, e mais raro ainda é ter profissionais que atendam o público PCD. O que aconteceu foi uma linda e boa surpresa para um menino surdo, quando o famoso Mickey Mouse emocionou a todos ao usar linguagem de sinais com ele.

Um pequeno trecho do que foi publicado no artigo: "Durante o almoço, em um dos restaurantes do parque, o pequeno recebeu a visita do Mickey na mesa em que estava com os pais. Em um primeiro momento, o personagem tenta se comunicar com o garoto, mas, sem sucesso, se despede. Rapidamente, o personagem percebe que, na verdade, o menino é surdo, e por isso não conseguiu conversar com ele. Para a surpresa de todos ali, ele volta para mesa da família e começa se comunicar com o garoto com linguagem dos sinais".

Bethany Rodgers, mãe do garoto, relatou. "Este foi um momento muito mágico e precioso para o meu filho".

Conforme o artigo Delas – IG, o garoto faz parte da organização "Olive Crest", que atende a crianças em situação de risco e, de acordo com um representante da instituição, a família providenciou um intérprete para acompanhá-lo durante os passeios, assim a viagem seria completa e o garoto poderia aproveitar totalmente a experiência do lugar. No entanto, eles contam que os personagens não foram informados sobre a visita antes da chegada da criança. "Ele ficou muito animado depois de conhecer os personagens porque não sabia que eles podiam falar 'o idioma dele'", afirmou a mãe ao jornal britânico.

O mercado ainda é carente de profissionais preparados para situações atípicas e públicos críticos; e lapidar habilidades, mostrar-se flexível em ocasiões atípicas e desenvolver a confiança no seu potencial comunicador são dicas preciosas. Em vista disso, possuir o poder da voz e da comunicação e permitir dar voz a quem nunca pode falar ou que nunca ocupou espaços privilegiados, em que a fala é efetivamente ouvida. Poder se expressar é ouro em tempos atuais, principalmente quando consideramos grupos sociais, de raça e gênero. Gerar multiplicidade de vozes é representar cada indivíduo ou grupo. Quem tem o poder da fala tem em suas mãos a oportunidade de semear a riqueza de poder falar por quem não pode, ou seja, cria empatia no ambiente corporativo e na sociedade.

Montanari (2019, p. 00), afirma em seu site a importância de desenvolver confiança no potencial individual, que é o trabalhar de dentro para fora:

> Imagem não é algo superficial; é o contrário disso. Imagem é algo dinâmico, complexo e, acima de tudo, uma poderosa ferramenta de comunicação. Em um mundo pasteurizado, quem consegue se expressar através do discurso visual estará mil passos à frente. Quem se sente protegido com sua imagem cria menos mecanismos de defesa. Atinge com mais rapidez e facilidade seus objetivos.

Era digital no atendimento ao cliente interno e externo

No ano de 2020 o mundo inteiro tem vivido de forma intensa a era digital (palavra que representa conectividade e interação com seu público-alvo; inovação, rapidez); o uso de tecnologias para conversas por vídeo nunca foi feito de forma tão acentuada, para suprir as necessidades das empresas e de interação com familiares. O uso das redes sociais e os pagamentos *online* fizeram as empresas não pararem seus negócios.

Em tempos digitais, o contato nunca esteve tão humano, indício de que a tecnologia serve para conectar ainda mais as relações.

Minhas top dicas e frases de especialistas para motivar seu próximo passo

- Espelhe-se em modelos de profissionais que gostaria de se tornar no futuro. Saiba se posicionar, falar com propriedade. Diversidade é uma força, não uma ameaça.

> *"Falar não se restringe ao ato de emitir palavras, mas de poder existir."*
> *(Djamila Ribeiro – filósofa, feminista negra, escritora e acadêmica brasileira)*

- Empatia é a capacidade de se colocar no lugar do outro, planejar os próximos passos, desenvolver seu lado humano. Treine sua escuta ativa. Receber *feedback* positivo é excelente, mas o negativo dá a chance de melhorar. Quando nos comunicamos, somos autor e tutor do conteúdo. Refletir sobre o impacto que causamos nas pessoas com nossas palavras, gestos e atitudes são essenciais.

> *"Não somos só responsáveis pelo que dizemos, somos responsáveis pelo que a pessoa escuta." (Mafoane Odara – gerente do Instituto Avon)*

- Deixe para trás seus julgamentos, mas nunca a sua fé. Seja facilitadora em situações de crise, converta problemas em soluções transformadoras.

"O sucesso não tem a ver com o lugar de onde você veio, e sim com a confiança que você tem e o esforço que está disposto a investir."
(Michelle Obama – advogada, escritora norte-americana e a primeira afrodescendente a ocupar o posto de primeira dama)

- Compartilhar conhecimento e estar disposto a auxiliar é a forma mais rica de disseminar o seu trabalho como profissional.

"Aproveite para dar o melhor hoje e colher a valorização amanhã."
(Max Gehringer – autor de diversos livros sobre carreiras e gestão empresarial)

- Crie sintonia na conversa com objetividade, tenha em mãos informações e seja direto. Um sorriso no rosto faz a diferença na comunicação; lembre-se de que pequenos gestos também são formas sutis de se comunicar.

"O propósito da vida é acreditar, ter esperança e se esforçar ao máximo."
(Indira Gandhi – ex-primeira-ministra da Índia)

Referências

BARROS, Alvaro Paes de. *Docplayer.* Disponível em: <https://docplayer.com.br/amp/82706273-Ascencao-dos-youtubers-linguagem-e-formato-dos-novos-produtores-de-video-da-web.html>. Acesso em 02 de abr. 2016; DOC PLAYER número 82706273.

DELAS. Disponível em: https://delas.ig.com.br/filhos/2017-06-25/mickey-linguagem-sinais.html. Acesso em 18 de dez. 2020.

KEKLIGIAN, Ana. Disponível em: https://www.anakekligian.com/. Acesso em 18 de dez. 2020.

MONTANARI, Carmela. Disponível em: <www.carmelacoach.com>. Acesso em 18 de dez. 2020.

RIBEIRO, Djamila. *Lugar de Fala.* Editora: Pólen Livros; Edição: 1, 2019.

ROSÁRIO, Bianca. Disponível em: https://manualdasecretaria.com.br/. Acesso em 18 de dez. 2020.

ROSENBERG, Marshall. *Comunicação não-violenta.* Ed Ágora; 4 ed. 2006.

22

ETIQUETA NO ATENDIMENTO: A ARTE DA ELEGÂNCIA

Se você, ao atender a alguém, sente alegria e satisfação interior, olha nos olhos do seu cliente interno e/ou externo e sente gratidão pela oportunidade de servi-lo por meio do seu trabalho, este capítulo é especialmente para você.

ADRIANA VILHENA MONTEIRO

Adriana Vilhena Monteiro

Pós-graduada em Gestão Estratégica de Pessoas pela Faculdade Barão do Rio Branco (AC); graduada em Secretariado Executivo Trilíngue pela FECAP (SP). Secretária executiva com mais de 20 anos de experiência com diretorias e presidências (empresas nacionais e multinacionais, entidades de classe, órgãos do Poder Executivo e do Poder Judiciário). Atuou como professora universitária, lecionando disciplinas específicas da graduação em Secretariado Executivo. Professora voluntária de *ikebana*, de estilo *sanguetsu*, na Fundação Mokiti Okada (FMO) desde 2011. Atualmente, é secretária executiva na Universidade Federal do Acre – UFAC (Pró-Reitoria de Pesquisa e Pós-Graduação e membro da Comissão de Ética), aprovada em concurso público, em 2013.

Contato
adriana.vilhena@hotmail.com

Neste livro, leu-se até aqui valiosos ensinamentos sobre a importância da excelência no atendimento em diversos setores da sociedade. E, uma vez que o atendimento ao cliente continua sendo fundamental para todas as organizações, quer sejam privadas, quer sejam públicas, necessita-se ter em mente que esta arte (uma arte linda e mutante!) é uma fonte inesgotável de possibilidades, que exige muita criatividade, comprometimento, responsabilidade e amor. Cita-se o amor como um dos elementos fundamentais porque, quando, aliado à razão, o coração está presente naquilo que é feito, o resultado é sempre o melhor para todos os envolvidos. Assim, considerando que o atendimento ao cliente é uma arte e que cada pessoa traz consigo o seu próprio mundo de expectativas e necessidades, em vez de elencar somente regras e padrões, este capítulo convida o leitor para uma reflexão sobre o que representa ou significa um atendimento com arte e elegância.

No dicionário, a palavra "atendimento" possui algumas definições que se correlacionam, estando entre elas: "modo habitual através do qual são atendidos os clientes que procuram ou utilizam determinado serviço" e "atividades que se referem ao contato direto com o cliente e o setor que se destina a esse fim". Assim, entende-se que quem procura um serviço ou um produto, em qualquer segmento que seja, está buscando uma solução para o seu problema e/ou para a sua angústia. No entanto, no cotidiano das instituições, a palavra "atendimento" tem muitas outras facetas, além das descritas em um dicionário. E o verbo "atender", na realidade, propriamente dita, sempre está acompanhado de outros, igualmente importantes, a saber: "cuidar", "reparar", "atentar", "considerar", "receber".

Mas, afinal, o que o cliente, seja interno, seja externo, espera de um atendimento? Quem vai atendê-lo está preparado para encantá-lo? O que vem a ser um atendimento elegante?

O caminho para um atendimento artístico não pode ser baseado apenas naquilo que os olhos podem ver. A parte material, com absoluta certeza, é importante e essencial. No entanto, é com a parte invisível que um atendimento torna-se inesquecível, sensível.

No Japão, a prática do *omotenashi*, que já vem sendo passada de geração em geração, é uma das maiores referências e um exemplo que se pode ter de um atendimento artístico em sua plenitude. "Ao oferecer um serviço da mais alta qualidade com profunda dedicação, a felicidade é mútua, tanto para quem serve quanto para quem é servido". Assim, entendemos que *omotenashi*, basicamente, combina educação, sutileza e polidez com o desejo de servir o cliente com a máxima atenção e carinho sem esperar nada em troca. Há um cuidado presente em cada detalhe para proporcionar o mais alto nível de bem-estar ao cliente. É um sentimento que se transforma em ação, mas de uma maneira carregada de sutileza e delicadeza por vezes silenciosa, com muita discrição, mas com sentimento. Trata-se de um sonho? Não. É uma realidade que todos podem desenvolver para melhor atender ao cliente, que é a razão de todo o negócio da empresa e/ou da instituição.

Apresentação pessoal

A apresentação pessoal é parte essencial de um atendimento artístico e, sim, é um dos sinônimos de elegância, merecendo toda a atenção. Afinal, assim que um cliente se dirige ao(à) colaborador(a), este(a) passa a representar de imediato a instituição. Logo, a maneira como ele(a) está vestido(a) também é uma forma de bem atender. E ainda que o mundo seja cosmopolita, e longe de querer interferir nos gostos pessoais e na liberdade de expressão, existem alguns pontos muito importantes que sempre exigem atenção:

- As normas de vestimentas estabelecidas pela empresa e/ou instituição, quer seja ela privada, quer seja pública, devem ser seguidas com carinho e respeito;
- Se o seu trabalho é lidar diretamente com o público, as roupas devem ser adequadas, de acordo com a natureza da empresa e/ou da instituição. E esse mesmo cuidado é preciso ter com a maquiagem;
- Alguns detalhes, como cumprimentar as pessoas e tratá-las com igualdade, independentemente das diferenças culturais, sociais, econômicas, raciais e hierárquicas, devem fazer parte da rotina;
- O sorriso, desde que genuíno, quebra barreiras e gera aproximação entre as pessoas, passando uma mensagem de confiança, de leveza. É uma poderosa ferramenta de linguagem não verbal que causa boa impressão e abre portas para o bem receber e o bem atender.

- A higiene pessoal (cabelos, pele, unhas, dentes, barba etc.) é imprescindível e precisa estar sempre em dia;
- O uso de perfumes é algo muito particular e precisa ser considerado, uma vez que há pessoas alérgicas e a intensidade da fragrância pode incomodá-las. O bom para você pode ser repulsivo para outra pessoa.

Ordem e limpeza

Quesitos indispensáveis para que o atendimento seja harmonioso também: a ordem e a limpeza do local de trabalho. Trabalhar em um ambiente limpo e organizado gera luz e energia positiva. Pessoas gostam de ser atendidas em locais onde percebem o zelo de quem lá trabalha, pois sentem mais confiança e serenidade. Ainda que a limpeza seja a responsabilidade de outra pessoa, cada um deve cuidar e manter limpo o seu local de trabalho. O material de trabalho também deve estar em ordem e identificado, facilitando que outra pessoa, se houver a necessidade, possa localizar o que for preciso. Aprender a limpar onde ninguém vê destaca o esmero e o cuidado que o profissional tem; e as instituições valorizam funcionários e servidores que observam os detalhes e que vão além do que se é esperado. Se possível, coloque flores naturais no ambiente de trabalho. Como diz o filósofo Mokiti Okada: "onde há flor, aflora luz". Uma única flor bem cuidada e tratada com carinho oferece ao ambiente um toque de arte e afeto.

> Ser fiel às regras permite a formação de uma sociedade agradável, onde reina o conforto. Bondade, higiene e cortesia não custam dinheiro e são elementos essenciais, que atraem pessoas. (Mokiti Okada)

De acordo com Vieira (2017, p. 62):

> O que é elegância? A nossa melhor apresentação, nossa vontade de agradar. Todas as pessoas devem portanto, preocupar-se com a elegância. Tudo se resume em um conjunto de itens do interior e exterior de cada um. Elegância é o respeito ao próximo.

Entretanto, nem sempre as pessoas que trabalham com atendimento gostam de atender. Isso torna o trabalho difícil? Sim, muito. E como lidar com esse fato? O primeiro passo seria *querer* desenvolver em si mesmo o espírito de servir, de ajudar. Essa mudança interior leva tempo e exigirá muita persistência, mas é totalmente possível; e deve-se pensar que trará excelentes resultados não apenas para o trabalho, mas para as relações interpessoais, de um modo geral. Assim, eis alguns pontos imprescindíveis, bem como habilidades necessárias, que auxiliam nessa mudança:

- Saber o momento de falar e de escutar;
- Ser pontual é ter sinceridade. Ao chegar com um pouco de antecedência, o local de trabalho pode ser preparado com cuidado, e se inicia no horário estabelecido. Quem age assim inspira confiança e não gera preocupação. Imprevistos e emergências acontecem: caso sejamos submetidos a alguma situação que vá gerar atraso ou falta, precisamos comunicar imediatamente;
- A importância de saber dizer "não" sem ferir;
- Calma e serenidade não são sinônimos de indiferença;
- A humildade em dizer que não sabe de algo será sempre bem recebida, mas deve estar aliada ao interesse em aprender;
- Agilidade é diferente de pressa;
- Algumas situações podem exigir flexibilidade de conceitos e ideias, e é preciso estar atento e preparado para que as atitudes sempre estejam alinhadas com os conceitos da empresa e/ou da instituição;
- Tratar todas as informações que são confiadas com discrição e sigilo, e ter respeito com o que está sendo relatado.

Gentileza

Nada é mais encantador que uma gentileza sincera, oferecida de forma absolutamente natural. Todos se sentem acolhidos e mais seguros quando recebidos por uma pessoa que abre a porta e sorri, na chegada, e que agradece a vinda, ao se despedir.

Se o local de trabalho dispõe de condições para oferecer algo para o cliente, como água, suco, café e/ou brindes, por exemplo, que seja feito com alegria e gratidão.

Por mais simples que seja o ato de servir um copo com água, torne esse momento em uma arte. Mesmo que outra pessoa seja a responsável por essa função, será uma demonstração de especial atenção participar desse momento, desde que seja de maneira harmoniosa e cortês, observando, por exemplo, se o copo está completamente limpo, se não está molhado por fora, se a temperatura da água está conforme a preferência do cliente etc. Se não for possível servir em uma bandeja ou ter um porta-copo, coloque um guardanapo sob o copo, evitando, assim, que a umidade atinja algum documento, se for o caso.

Se for oferecer um brinde, observe se está em perfeita condição de uso. Se for cabível um cartão de agradecimento, que seja assinado à mão. Ao entregá-lo, coloque-se à disposição para atendê-lo em qualquer outra oportunidade, mesmo que seja para solucionar um eventual problema ou para encaminhar uma reclamação.

Por que não transformar um simples momento em um encantamento? Quando se atende a um cliente, toda oportunidade é uma chance de surpreender.

Atender com arte é um desafio permanente

Este capítulo termina, mas, ainda que seja de forma leve, que ele seja um ponto de partida para a reflexão de que ter etiqueta e elegância no atendimento tem como premissas o sentimento sincero de ajudar e o desejo de servir ao próximo.

Atender com arte é um desafio permanente, que pode fazer parte da rotina de trabalho de todos os profissionais, independentemente do nível hierárquico, e pode ser estendido às nossas relações interpessoais de modo geral, como família e amigos. E por se tratar de um conjunto que envolve pensamentos, palavras e ações, essa arte não é estática, prezando apenas o desenvolvimento de habilidades técnicas, mas uma arte livre, composta de partes que vão sendo construídas ao longo de um caminho, de uma jornada. E, ainda que nenhum caminho é trilhado somente com coisas boas, cada passo conta para o aprendizado, desde que o olhar dirigido ao cliente seja com empatia, amor e consideração, pois cada um traz consigo o seu próprio mundo de anseios e expectativas, que pode sempre ser encarado como um novo conhecimento a ser adquirido.

Assim, entende-se que, para ter etiqueta e oferecer um atendimento artístico, o trabalho ou a profissão precisam ser encarados também como agentes transformadores. Agentes transformadores fantásticos e envolventes que aliam comportamento, postura e polidez, resultando em uma arte que vem do coração.

Referências

D'ELIA, Bete; ALMEIDA, Walkiria. *O futuro do secretariado: educação e profissionalismo*. São Paulo: Literare Books International, 2019.

KALIL, Gloria. *Chic profissional: circulando e trabalhando num mundo conectado*. São Paulo: Schwarcz, 2017.

MENDES, Rogerio. *Você sabe o que é omotenashi?* Disponível em: <https://www.youtube.com/watch?v=9l7cpwekNUI>. Acesso em: 14 set. de 2020.

MIRALLES, Francesc; GARCÍA, Héctor. *Ichigo-ichie: a arte japonesa de transformar cada instante em um momento precioso*. Rio de Janeiro: Sextante, 2019.

OLIVEIRA, Adriana Felippe de; VIEIRA, Carmen Luci Conti. *O prazer do encontro: vivências poéticas através das relações pessoais*. São Paulo: Letras e Versos, 2017.

23

O ATENDIMENTO DIFERENCIADO E OS GANHOS FINANCEIROS DAS ORGANIZAÇÕES

A análise de um *case* elaborado por uma secretária executiva mostra que o atendimento diferenciado começa com o cliente interno. A quebra de paradigmas e a cultura *ownership* trazem ganhos que, revertidos ao cliente externo, impactam positivamente no controle de custos e na rentabilidade das organizações.

CIBELE ORTEGA DOS ANJOS

Cibele Ortega dos Anjos

Graduada em Automação de Escritórios e Secretariado pela FATEC-SP, e pós-graduada em Assessoria Executiva pela Ítalo-Brasileiro e em Ensino de Espanhol para Brasileiros pela PUC-SP. Desenvolveu sua carreira ao longo destes 20 anos assessorando presidentes e CEOs do ramo bancário, de seguros e elétrico. Atualmente, é secretária executiva trilíngue da diretoria de *Oil & Gas* da Siemens do Brasil. De 2010 a 2012, foi docente no curso superior de Secretariado Executivo Trilíngue da FMU. De 2011 a 2013, atuou como presidente do Grupo de Secretariado Executivo da Câmara Espanhola de Comércio. É autora do artigo científico "Secretária executiva: estresse e emoção no trabalho", publicado na *Revista de Gestão e Secretariado* (GESEC, 2011), e coautora do livro *Excelência no secretariado* (Literare Books International, 2012), com o capítulo "Indicadores de resultado – como identificar, mensurar e dar visibilidade aos níveis decisórios quanto aos resultados".

Contatos
cibelecortega@hotmail.com
LinkedIn: www.linkedin.com/in/cibeleortegadosanjos
11 99451 4047

Frequentemente, ouvimos que "um atendimento diferenciado é a chave do sucesso". Mas qual é o verdadeiro sentido da palavra "atendimento"? Ao consultar o dicionário, identifica-se que "atendimento" provém do verbo "atender", que, por sua vez, significa "prestar atenção, levar em consideração e cuidar de". Seguindo nessa análise, o atendimento diferenciado é aquele que surpreende e encanta, isto é, entrega além do esperado, pois a atenção, a consideração e o cuidado com o cliente excedem o trivial.

As organizações líderes em seus ramos de atuação baseiam-se nesse encantamento para a fidelização de seus clientes e para o consequente crescimento de seus resultados financeiros. Com uma concorrência cada vez mais acirrada, uma boa política de preços e de prazos não garante mais uma clientela ativa e fiel. Por isso, tornam-se fundamentais a quebra de paradigmas internos, a vivência de uma cultura *ownership* por todos os membros da organização e a potencialização do relacionamento com todos os tipos de clientes.

Sendo assim, a premissa do atendimento diferenciado não deve focar somente no cliente externo, mas também no interno. Afinal, as melhorias de processos, os procedimentos e as boas práticas em um determinado departamento atingirão quem mais lhe interessa – o cliente externo. Segundo Neiva e D'Elia (2009, p. 48) "a única regra que consideramos infalível para encantar o cliente (interno ou externo) é ter uma postura de encantamento com a vida, com a profissão e com a missão de lidar com pessoas". Em outras palavras: esse encantamento deve contemplar uma esfera 360 graus.

Ainda conforme Neiva e D'Elia (2009, p. 176) "paciência, tolerância, atenção e comunicação (simpatia e empatia) são importantíssimas no atendimento. A presença do secretário nesse contexto é fundamental". Portanto, nesse universo de atendimento aos clientes interno e externo, torna-se notória a relevância de um profissional em específico: o secretário executivo. Ele, além de atuar diretamente no atendimento ao cliente externo, é responsável pela gestão de informações, pelos processos e recursos dentro da própria organização. Seu atendimento começa pelo cliente interno, geralmente o(a) executivo(a) assessorado(a), passa pelos diferentes setores da organização, chegando, por fim, ao cliente externo. Em todas essas esferas, ele deve atender de forma diferenciada, para encantar, reter e fidelizar.

Provavelmente, você, leitor, está se perguntando: "De que forma posso desenvolver um atendimento diferenciado, baseando-me na ruptura de paradigmas e na cultura *ownership*? Essa mudança realmente influenciará em meu relacionamento com o cliente e me trará melhores resultados financeiros?"

Com o intuito de lhe esclarecer, abordaremos um *case* de atendimento diferenciado executado por uma secretária executiva que contempla esses três pilares.

Quebra de paradigmas internos

Um exemplo simples de paradigma interno em uma organização são os elevados custos com processos administrativos, como a logística de viagens corporativas. As grandes organizações costumam publicar políticas e procedimentos em suas páginas internas, com o intuito de orientar os colaboradores no momento da organização dessas logísticas. Contudo, ainda são poucos aqueles que as consultam em sua íntegra. Isso acontece porque muitos possuem o paradigma de viagens imediatistas, sem planejamento prévio e com base em suas próprias preferências, sem levar em consideração as diretrizes pré-estabelecidas.

Tendo como base esse cenário, uma secretária executiva de uma grande multinacional desenvolveu, em conjunto com seu gestor imediato, um projeto de atendimento diferenciado com ênfase em melhorias de custos. Inicialmente, o foco era a disseminação de informação e a conscientização dos colaboradores quanto às premissas vigentes na política de viagens. Sendo assim, sua primeira ação foi compreender todos os pontos que faziam parte dessa política. Logo em seguida, preparou um material para multiplicar essas informações para o máximo de colaboradores, ressaltando os benefícios que essas diretrizes trariam em processos internos e em economia financeira.

Por meio de treinamentos *online* e de controles específicos, a secretária demonstrou que, se as viagens fossem organizadas com o máximo de antecedência possível, respeitando os prazos estabelecidos em política, uma única logística traria, em média, uma economia de 13%. Além dessa economia, todo o processo de *travel management* seria realizado de forma mais coordenada e com menor probabilidade de erros operacionais. Isso traria um atendimento diferenciado aos envolvidos, além de uma racionalização de custos.

No início, assim como em toda e qualquer mudança, houve grande resistência, principalmente por parte daqueles que não queriam renunciar ao seu paradigma de viagens. Sempre haviam feito daquela maneira – por que iriam mudar agora? Porém, com o passar dos meses, surgiram os primeiros *feedbacks* positivos quanto ao atendimento, já que havia planejamento e tempo hábil para uma personalização das emissões e uma consequente redução de erros operacionais. Tornou-se visível a possibilidade de logísticas assertivas, mediante análise custo-benefício. Segundo Neiva e D'Elia (2009, p. 176), "chegar aos resultados almejados dependerá da vontade, da qualidade e da competência de cada funcionário ao executar seus serviços".

A quebra dos diferentes paradigmas de uma organização dependerá da persistência de seus colaboradores. Aprimorar os processos internos e proporcionar um atendimento diferenciado a esse público é o primeiro passo para o reflexo desses ganhos ao cliente externo.

Cultura *ownership* por parte de todos os membros da organização

Ainda tomando como base o *case*, pode-se notar que, além de uma quebra de paradigma, houve o estabelecimento de uma cultura *ownership*, isto é, os colaboradores foram engajados a agir e a tomar decisões como se fossem os donos da organização. Com esse sentimento de propriedade, eles passaram a entender as premissas da política de viagens e a prezar por bons preços. Colocando-as em prática, puderam visualizar a benfeitoria dessa aplicabilidade nos resultados financeiros de suas próprias áreas, bem como no planejamento de suas atividades.

Como segundo passo do projeto, a secretária iniciou um controle mensal dos custos dessas logísticas de viagens. Verificava-se o percentual de passagens ainda emitidas fora dos prazos estabelecidos em política e o impacto financeiro causado por elas. Esse trabalho foi realizado ao longo de dois anos fiscais, e observou-se uma redução média de 34% de passagens emitidas fora dos prazos, se comparados os primeiros semestres de 2018 e 2019. Isso representou uma economia de aproximadamente R$ 102.000,00:

COMPARATIVO MENSAL - 1. SEMESTRE FY 18-19

	FY 18						FY 19					
	P01	*P02*	*P03*	*P04*	*P05*	*P06*	*P01*	*P02*	*P03*	*P04*	*P05*	*P06*
TOTAL SOLICITAÇÕES	72	95	63	71	63	86	85	93	76	114	75	98
% FORA DO PRAZO	64%	71%	67%	69%	59%	60%	39%	29%	23%	33%	42%	35%
TOTAL FORA DO PRAZO R$	48.000	65.000	38.000	55.000	40.000	46.000	30.000	33.000	19.000	41.000	32.000	35.000

	P01	*P02*	*P03*	*P04*	*P05*	*P06*
ECONOMIA ENTRE FYs	18.000	32.000	19.000	14.000	8.000	11.000
ECONOMIA ENTRE FYs EM %	38%	49%	50%	25%	20%	24%

TOTAL ECONOMIA	102.000
REDUÇÃO MÉDIA MENSAL	17.000
REDUÇÃO MÉDIA MENSAL %	34%

Fonte: Cibele Ortega dos Anjos.

Certamente, a quebra de paradigma, atrelada ao desenvolvimento da consciência de *ownership*, foi a causa para que, ao longo desse período, houvesse uma redução significativa dos custos relacionados às logísticas de viagens. Esse *case* reforça que um atendimento diferenciado inicia-se "dentro de casa", com o cliente interno. Práticas simples e apoiadas pela alta direção trarão melhorias nos processos internos, um planejamento adequado e, por consequência, melhores resultados financeiros. Vale ressaltar que eventuais solicitações emergenciais de viagens continuaram sendo realizadas, porém havendo uma redução nesse número, visto que elas realmente passaram a ser exceções e casos pontuais.

De acordo com Rizzi (2009, p. 203) "ações individuais relativamente simples, combinadas de forma adequada e aplicadas com habilidade, contribuem para que o atendimento seja de alta qualidade". Portanto, identificar pontos internos de melhoria e preparar os colaboradores para essas mudanças são aspectos primordiais para que o reflexo desse atendimento diferenciado impacte diretamente no cliente externo.

Potencialização do relacionamento com todos os tipos de clientes

Como foi possível notar, o *case* em questão apresentou um *saving* semestral de R$ 102.000,00. Se duplicar esse valor, será uma economia anual de aproximadamente R$ 200.000,00. Dando sequência ao projeto, o terceiro passo da secretária foi apresentar ao seu gestor imediato o real *saving*, para que, em reunião de *board*, fossem definidos os critérios para o investimento do montante obtido com a economia.

Diferentes conceitos podem ser abordados nessa etapa decisória, porém como o intuito da organização em questão era a potencialização do relacionamento com os clientes já existentes, foram listados, durante *brainstormings*, algumas possibilidades:

a. Estruturação sistêmica do plano anual de Treinamento e Desenvolvimento (T&D) das equipes de vendas e de pós-vendas;

b. Investimento no processo de contratação e seleção dos futuros colaboradores das equipes de vendas e de pós-vendas, para que estes tenham habilidades técnicas e comportamentais condizentes com um atendimento diferenciado;

c. Participação anual em feiras ou eventos de grande relevância focados no *core business* da área, com o intuito de identificar novas tendências;

d. Melhorias sistêmicas em ERP para robotização, digitalização e aprimoramento de processos que facilitem a interface com o cliente externo;

e. Apresentação do conceito do *Hub* de Inovação, com o intuito de fidelizar ainda mais os clientes de carteira no desenvolvimento de novos projetos;

f. Investimentos em pesquisas com clientes internos e externos para a avaliação dos serviços oferecidos pela organização.

Após reuniões, a empresa decidiu inicialmente pelas seguintes estratégias:

Ação	Valor aplicado
1. Estruturação de um plano elaborado de Treinamento e Desenvolvimento (T&D) para as áreas de vendas e de pós-vendas.	R$ 50.000,00
2. Melhorias sistêmicas em ERP, visando à inovação e à digitalização dos processos para que o cliente final receba um serviço mais próximo da excelência.	R$ 150.000,00

Dessa forma, a economia de custos obtida com as melhorias internas foi revertida em estratégias de negócios que afetam diretamente a qualidade do atendimento ao cliente externo. Práticas como essas, se incentivadas e geridas em cadeia *top-down*, atingirão exatamente aquilo que as grandes organizações buscam, ou seja, a lucratividade e o reconhecimento de seus negócios.

Por outro lado, a organização em questão também avaliou que o custo de manutenção de uma carteira de clientes é menor que a busca por novos, isso porque três pilares básicos são lapidados com o encantamento no atendimento:

• **Lifetime value**: quanto maior a fidelização do cliente, mais ele compra seu produto ou serviço e mais ele lhe recomenda ao mercado. Ele próprio contribui com seu marketing assertivo;

• **Aumento de ticket médio**: um cliente satisfeito compra com mais frequência e influi positivamente na receita da organização;

• **Redução do CAC (custo de aquisição de clientes)**: manter clientes fiéis e satisfeitos é menos oneroso que investir em campanhas de marketing para angariar novos clientes.

Portanto, se a organização permitir que um colaborador que atue na linha de frente do atendimento fique engajado com a estratégia, este, por sua vez, poderá contribuir fortemente com a ruptura de padrões desgastados e com o empoderamento de demais colegas quanto a uma cultura de pertencimento. Esses dois pilares fortalecidos servirão de base para a melhoria dos processos internos das organizações, para um atendimento diferenciado ao público interno e para uma racionalização correta de custos que propiciam investimento direto em melhorias para o atendimento ao cliente externo.

O atendimento e os resultados financeiros

Sabe-se que, para atender bem, é preciso, primeiramente, entender o que o cliente deseja e necessita. No entanto, o diferencial é trabalhar inicialmente a premissa de forma interna, analisando e informando sobre aquilo que pode ser aperfeiçoado, otimizado e customizado na própria organização, para, depois, reverter esse pensamento em ações ao cliente externo.

Também não é surpresa que um projeto do porte apresentado no *case* tenha sido conduzido por uma secretária executiva, visto que Sabino e Rocha (2004, p. 95) já comentavam que o perfil desse profissional seria "empreendedor, através da promoção e implantação de soluções que otimizem o trabalho, tanto no aspecto individual, quanto coletivo". As organizações anseiam por profissionais comprometidos, participativos e focados na melhoria contínua do atendimento.

Independentemente do nível hierárquico que você, leitor, ocupe ou do poder decisório que esteja em suas mãos, faz-se necessário que a vontade de fazer melhor e diferente venha de maneira intrínseca. Não espere que seu cliente interno ou externo suba no telhado e lhe pergunte: "E agora?" Aja de forma proativa e inovadora, começando dentro de sua própria organização, e expandindo gradativamente ao público externo. Dessa maneira, o único que subirá será você, mas no conceito deles.

Referências

NEIVA, Edméa Garcia; D'ELIA, Maria Elizabete Silva. *As novas competências do profissional de secretariado*. 2. ed. São Paulo: IOB, 2009.

RIZZI, Marcia. *Excelência no atendimento ao cliente*: atendentes nota 10. São Paulo: Editora Ser Mais, 2012.

SABINO, Rosimeri Ferraz; ROCHA, Fabio Gomes. *Secretariado: do escriba ao webwriter*. Rio de Janeiro: Brasport, 2004.

24

HISTÓRICO DO ATENDIMENTO: QUALIDADE E CÓDIGO DE DEFESA DO CONSUMIDOR

Neste capítulo será tratado o histórico do atendimento e a mudança no foco das empresas no decorrer dos anos, conforme as necessidades do mercado, dos clientes, a criação do Código de Defesa do Consumidor, e de acordo com o avanço tecnológico. Será expressa a importância de um atendimento eficaz, com foco no ser humano, aliado ao preparo dos profissionais da área.

CARLA PANZICA

Carla Panzica

Turismóloga graduada pela Anhanguera Educacional (2010), e secretária, pelo Instituto Monitor (2016 – SRTE: 0050920/SP). Salvando clientes em telhados há aproximadamente 10 anos, prestando assessoria a sócios e diretores de empresas de pequeno a grande porte dos ramos da engenharia, advocacia e consultoria. Trabalha como secretária trilíngue na Integration Consulting. Facilitadora, apaixonada por servir, encontra satisfação na satisfação do outro.

Contato
carlapanzica@hotmail.com
LinkedIn: www.linkedin.com/in/carla-panzica-a47b8469/

Os clientes estão mais poderosos do que nunca e reinam absolutos, conscientes de seus direitos. Quando descontentes com uma empresa, divulgam suas experiências em *sites, blogs* e redes sociais ou procuram os seus direitos nos órgãos de defesa do consumidor. Por isso, precisamos saber o que devemos ou não fazer para que nossa maneira de atender seja única e conquiste a confiança das pessoas que atendemos. (OLIVEIRA, 2012, p. 264)

A história do atendimento passou por diversos cenários, consequentes da realidade das pessoas e de suas relações durante as épocas. Na Idade Média, por exemplo, quando era praticado o escambo, a relação entre vendedor e cliente era direta, o que garantia o entendimento perfeito das expectativas e a venda bem sucedida.

Aconteceu, então, a Revolução Industrial, que trouxe a produção em massa, diminuindo a preocupação com a satisfação do cliente final, e mantendo o foco somente na quantidade, no padrão e na rapidez na entrega.

Em torno da década de 1970, quando a competitividade de mercado passou a preocupar as empresas, a atenção foi voltada para a qualidade, não mais exclusivamente para a quantidade. Ganharam força, então, os *call centers*; mas o atendimento ainda era ineficiente, e o cliente continuou em segundo plano. A demora no retorno e o descaso fizeram com que o indivíduo confiasse cada vez menos no atendimento oferecido pelas empresas.

Foi em meados de 1990 que o cenário começou a melhorar para o consumidor final. As empresas intensificaram a criação de programas de fidelidade e brindes, tudo para aumentar as vendas. Além disso, foram instituídos os Serviços de Atendimento ao Cliente e as Ouvidorias, e foi nessa década que lançaram o Código de Defesa do Consumidor no Brasil, o que fez com que a sua voz passasse a ser amplificada.

De acordo com o art. 4º da Lei n. 8.078, de 11 de setembro de 1990 a Política Nacional das Relações de Consumo tem por objetivo o atendimento das necessidades dos consumidores, o respeito à sua dignidade, saúde e segurança, a proteção de seus interesses econômicos, a melhoria da sua qualidade de vida, bem como a transparência e harmonia das relações de consumo, que devem atender alguns princípios, entre eles, o incentivo à criação pelos fornecedores, de meios eficientes de controle de qualidade e segurança de produtos e serviços, assim como de mecanismos alternativos de solução de conflitos de consumo (BRASIL, 1990).

Esclarecendo quem é quem nas relações de consumo:

> Art. 2º Consumidor é toda pessoa física ou jurídica que adquire ou utiliza produto ou serviço como destinatário final.
> Parágrafo único. Equipara-se a consumidor a coletividade de pessoas, ainda que indetermináveis, que haja intervindo nas relações de consumo.
> Art. 3º Fornecedor é toda pessoa física ou jurídica, pública ou privada, nacional ou estrangeira, bem como os entes despersonalizados, que desenvolvem atividade de produção, montagem, criação, construção, transformação, importação, exportação, distribuição ou comercialização de produtos ou prestação de serviços. (BRASIL, 1990)

O Código visa garantir a prevenção e a reparação de danos não só patrimoniais, mas também morais, individuais, coletivos e difusos.

Com o passar dos anos, a disseminação da internet ajudou na criação de mais opções para a melhoria do atendimento. Hoje, as mídias sociais, por exemplo, permitem que tanto o fornecedor quanto o consumidor possam se expressar e resolver qualquer conflito com rapidez. O ponto positivo é que uma empresa correta, que respeita os seus clientes, tem a internet como uma aliada, quase um canal de *marketing*, simplesmente pelo fato de não apresentar histórico de reclamações ou, quando elas existem, resolvê--las com agilidade e destreza, garantindo a satisfação de seus clientes. Em contrapartida, uma empresa que venda produto ou serviço que não atenda às expectativas ou que desrespeite os seus clientes fica automaticamente com a sua imagem manchada. Uma grande referência para os consumidores é o Reclame Aqui, *site* no qual as pessoas divulgam os seus problemas e pelo qual as empresas podem se retratar e buscar melhores soluções. A internet traz a chance de reclamar ou elogiar sob os olhos de multidões, o que pode atrair ou repelir clientes em potencial.

Diante de toda essa mudança de cenário no decorrer dos anos, a qualidade e a excelência no atendimento ao cliente não são mais um diferencial, mas uma característica básica de uma empresa que preza por sua imagem, lucratividade e perpetuidade. Isso se dá não só porque para muitos a experiência é mais valiosa que o produto em si, mas também porque os produtos estão cada vez mais similares. Então, a garantia de conquistar o cliente é suprir bem suas necessidades, considerando um cenário em que as pessoas estão cada vez mais exigentes e menos pacientes, além de não quererem trabalho e de gastarem valores consideráveis em troca da garantia de seu tempo livre, a fim de alcançarem a tão almejada qualidade de vida.

Para superar o desafio que é atender e fidelizar pessoas diferentes, em momentos de vida diferentes, com necessidades distintas, é essencial recrutar profissionais, não só qualificados e que se identifiquem com a atividade, mas dispostos a aprender, a serem empáticos com o outro, a entender as necessidades da companhia em que atuam e a se apaixonar pelo que fazem. Não é fácil, mas é possível!

O profissional do secretariado, por exemplo, tende a ser um dos primeiros contatos do cliente (ou do potencial cliente), do fornecedor, do candidato etc. quando aciona a empresa, por isso, a forma como se coloca pessoalmente, por telefone ou *e-mail* é muito importante. Note que não foi citado somente o atendimento a clientes, mas também a fornecedores, possíveis novos profissionais, que são tão importantes quanto, pois também têm voz, percepções e direito de avaliar nossos serviços, assim como nossos colegas de trabalho (clientes internos). Quanto melhor for o nosso atendimento, mais chances de falarem bem e de criarem uma imagem positiva mundo a fora.

> Também é fundamental cuidar do relacionamento corporativo com colegas e pares. Todos têm sua relevância – o *motoboy*, o recepcionista, o auxiliar de limpeza, entre tantos outros. Eles oferecem suporte no cotidiano para que todas as entregas sejam feitas com qualidade. (REIS, 2019, p. 80)

Ainda de acordo com Simone Tie Iizuka dos Reis (2019, p. 82), secretária executiva com mais de 15 anos de experiência, atualmente, o profissional de secretariado executivo não trabalha mais para um determinado executivo, mas para a empresa.

Além do atendimento às pessoas de outras equipes e a clientes externos, o profissional do secretariado tem os executivos, os diretores e os sócios, que exigem cada dia mais preparo, resiliência e dedicação de quem os assiste. E aí, pensando não só em nossa posição como funcionários de uma empresa, mas como profissionais, o bom atendimento e a fidelidade a esses executivos nos garantem a chave para mantermos portas abertas, além de ser extremamente gratificante ver um trabalho sendo bem executado e reconhecido. Quanto mais personalizado e cuidadoso o atendimento, melhor.

Conforme Célia Onílio, coordenadora de recursos humanos da Officilab, coloca:

> [...] ser bem recebido em qualquer lugar proporciona uma sensação de bem-estar e alivia a tensão. O sucesso de um negócio pode estar ligado a uma fórmula de valorização do atendimento e do recurso humano que o desenvolve". (OLIVEIRA, 2012, p. 447)

E como atender bem? Quais parâmetros devo seguir?

Existem características básicas que ajudam na garantia de um bom atendimento, como:

- Conheça bem o local onde trabalha, seu diferencial. Se tiver dúvidas, fale com o RH ou com pessoas que trabalham na empresa há mais tempo;
- Cuide de sua aparência;
- Preste atenção em seu vocabulário e nos erros gramaticais;
- Aprenda sempre, seja estudando, seja observando as situações;
- Chame as pessoas pelo nome, pois isso faz com que se sintam importantes e mais próximas;
- Seja gentil e leve. Conforme Leila Ferreira, autora do livro *A arte de ser leve*, observa, "estamos vivendo uma epidemia de indelicadeza, uma pandemia de falta de respeito e a grosseria adoece as pessoas". Portanto, seja diferente, e isso trará bons frutos não só a quem você atende, mas também a você mesmo;
- Crie padrões de ajuda, mas cuidado para não robotizar. Utilize esses padrões para auxílio na organização e na busca por informações no futuro, mas tente ser natural e autêntico em seu atendimento;
- Não deixe de ser quem você é, mas entenda a expectativa do outro. Adapte o seu atendimento ao perfil do cliente;
- Seja *empáticx*, não seja uma pessoa reativa. Entenda o momento do seu cliente e procure ajudá-lo sem perder o seu controle emocional. Você é um ser humano, lidando com outro ser humano, com os seus momentos e vulnerabilidades;
- Ouça as pessoas e dê importância ao que estão dizendo;
- Procure personalizar o seu atendimento, conhecer o seu cliente e encantá-lo;
- Nunca deixe um cliente sem retorno. Ainda que não tenha a solução para o seu caso, posicione-o sobre o andamento e a previsão de resolução;
- Agregue valor ao modo de atender. Por exemplo: se notar que uma

reunião durará muito tempo, verifique se os envolvidos gostariam de pedir algo para comer. Antecipe-se;

• Seja criativo e alie-se à tecnologia. Busque ferramentas para o aprimoramento de suas atividades e otimização de seu tempo.

O autor Michael A. Aun (2012, p. 19-110) dá dicas importantes em relação ao atendimento ao cliente, e entre elas estão:

• Pedir a opinião de seus clientes pode ser uma boa ideia para encontrarem juntos soluções criativas. Pergunte a eles como seus produtos/serviços podem ser melhores ou mais úteis e implemente as sugestões que valerem a pena.

• Faça o que é certo, mas faça corretamente. Não torne ainda mais difícil a vida do cliente.

• Conquiste a confiança do cliente e você terá sua eterna lealdade e dedicação.

• Você não é o inimigo. É parte da solução. Deixe isso claro.

• As habilidades de comunicação são fundamentais. Saiba o que dizer, como dizer e use suas próprias palavras, em vez de repetir o que as outras pessoas dizem.

• Pense no que é melhor para o cliente e não para você.

• Não faça promessas que não pode cumprir.

• Reconheça quando estiver errado e concentre-se em resolver o problema.

• Descubra o que os outros estão fazendo e faça algo diferente.

• Organize-se e estabeleça prioridades para que possa gerenciar o seu tempo de maneira eficiente. Controle o seu tempo ou você se tornará escravo dele.

Como empresa, para a garantia de envolvimento de seus profissionais e para a qualificação deles, de acordo com os seus padrões, o ideal é que sejam desenvolvidos treinamentos periódicos, tendo em vista os perfis de público-alvo: os cursos de capacitação em línguas, a oratória, os sistemas e o que mais for necessário para a atividade, e que disponibilizem as ferramentas necessárias para a estrutura ideal de atendimento.

Grandes treinadores e mentores nunca perdem uma oportunidade de orientar alguém. Eles consideram tanto o fracasso quanto o sucesso chances valiosas de ensinar as pessoas a fazer a coisa certa. Também recorrem a lições influentes sobre caráter, coragem e honra para transmitir seus valores e ideias. Agindo assim, deixam uma impressão duradoura em seus discípulos. (AUN, 2012, p. 123)

Com um atendimento eficaz, evitaremos que o seu cliente suba no telhado, e isso é muito importante para o seu reconhecimento, bem como para o sucesso dos negócios da empresa em que atua.

> Se um homem foi convocado para ser um gari, ele deveria varrer as ruas do modo como Michelangelo esculpia ou Beethoven compunha música ou como Shakespeare escrevia poesia. Ele deveria fazer isso tão bem que todas as criaturas do céu e da Terra parassem e dissessem: aqui viveu um grande varredor de rua que fazia seu trabalho muito bem. (Martin Luther King)

Referências

AUN, Michael A. *É o cliente que importa*: 34 dicas para garantir a satisfação dos clientes e o sucesso dos negócios. Rio de Janeiro: Sextante, 2012.

BRASIL. Lei n. 8.078, de 11 de setembro de 1990. Código de Defesa do Consumidor. Disponível em: <https://www.planalto.gov.br/ccivil_03/leis/l8078.htm>. Acesso em 06 jan. 2020.

ECOMMERCE BRASIL. *Atendimento ao cliente*: passado, presente e futuro. Disponível em: <https://www.ecommercebrasil.com.br/artigos/atendimento-ao-cliente-passado-presente-e-futuro/>. Acesso em 03 jan. 2020.

KOIBER. Evolução do atendimento ao cliente, da era do produto até a era da experiência. Disponível em: <https://blog.koiber.com/evolucao-do--atendimento/>. Acesso em 03 jan. 2020.

OLIVEIRA, Marcinéia. *Não atenda clientes, atenda pessoas*: a arte de atender valorizando o ser humano. Rio de Janeiro: Brasport, 2012.

OMNIZE. *Atendimento ao cliente*: uma história. Disponível em: <https://omnize.com.br/2017/02/07/atendimento-ao-cliente-uma-historia/>. Acesso em 03 jan. 2020.

PLANETA DE LIVROS BRASIL. *Leila Ferreira*: a gentileza está em falta. 2018. Disponível em: <https://www.youtube.com/watch?v=2ZpeBz41X-gI>. Acesso em 14 jan. 2020.

PORTAL EDUCAÇÃO. *Histórico do serviço de atendimento ao cliente*. Disponível em: <https://www.portaleducacao.com.br/conteudo/artigos/administracao/historico-do-servico-de-atendimento-ao-cliente/39050>. Acesso em 03 jan. 2020.

REIS, Tie Iizuka dos. "DNA do profissional de secretariado". In: D´ELIA, Bete; Almeida, Walkiria (coord..). *O futuro do secretariado*: educação e profissionalismo. São Paulo: Literare Books International, 2019. pp. 78-84.

25

PARCERIAS ÍNTEGRAS, PROPULSORAS DE CRESCIMENTO E SUCESSO PROFISSIONAL

Comportamentos e atitudes promotoras, aliados a preceitos e a pilares da ética e do *compliance*, elementos decisivos ao desenvolvimento, ao sucesso e à perpetuação de parcerias íntegras no atendimento, é o que propomos a refletir neste capítulo.

GRAZIELA PRADO E LUIZ FRANÇA

Graziela Prado

Secretária executiva trilíngue e pós-graduanda (MBA Executivo) em Liderança e Gestão Organizacional pela Franklin Covey do Brasil. Atua, desde 2011, como secretária, desempenhando funções de assessoria para comitê executivo e de gerenciamento em projetos de melhorias nas áreas administrativas e de *facilities*. Agente de ética e *compliance* no programa da empresa. Participou de relevantes programas, entre os quais: Gestão Operacional de *Facilities* – Academia de Facilities; *Accent and Reduction Idioms and American Culture* – Language Institute of Miami (Dade Community College of Florida) – USA; e *Teaching English as a Foreign Language* — St. Giles International.

Contato
grazielacprado@gmail.com

Luiz França

Psicólogo/administrador – consultor especialista em desenvolvimento humano e organizacional e gestão de recursos humanos, *coach, professional & self coach* em formação (IBC), e docente. Pós-graduado em Recursos Humanos pela Fundação Escola Álvares Penteado, e MBA em Gestão de Pessoas pela USP. Experiência de 30 anos em organizações nacionais e multinacionais, em gestão e direção, nos segmentos de transporte, metalúrgico, autopeças, químico, varejo e consultoria, como Fepasa, Mafersa, Sebrae, Magneti Marelli Brasil – Grupo Fiat, Arcor Brasil, Danisco Brasil, Cless Cosméticos e Pró-Lavoro Consultoria em Recursos Humanos. Docente em programas de treinamento fechados e em instituições de ensino.

Contato
lelfranca@terra.com.br

*Ética é a concepção dos princípios que eu escolho,
moral é a sua Prática.*
(Mario Sergio Cortella)

Os resultados das organizações há muito já não podem ser persegui-dos e gerados a qualquer custo, ou de forma descompromissada. Cada vez mais, o mercado propõe e define a cultura da ética nos negócios como moldura essencial.

Empresas que, porventura, não se façam sensíveis a práticas éticas ex-põem-se ao jugo da sociedade, com riscos graves à sua imagem e detri-mento de seus resultados tangíveis e intangíveis: mapeamento e mitigação de riscos diversos, potenciais exposições e custos imprevistos à empresa, preservação e perpetuação dos negócios, atendimentos às expectativas de clientes, entre outras.

Na atualidade, empresas comprometidas com a ética e cuja atuação seja pautada em critérios e na aplicação prática do *compliance*, baseados em integridade, transparência, valores definidos, cumprimento de leis e regras aplicáveis aos negócios, orientam sua atuação junto aos seus stakeholders, honrando compromissos e buscando excelência (colaboradores, clientes, autoridades, parceiros, fornecedores e comunidade).

Integridade nos negócios – atuação centrada na ética, com amplitude do *compliance*, sinaliza para oportunidades de negócios e torna-se vanta-gem competitiva.

O estabelecimento de parcerias íntegras, para todos, é mandatório para um crescimento consistente, ainda mais em tempos com a atual turbulên-cia. Também para os que entendem que cooperação pode trazer mais resul-tados que a competição; ou que verdadeiras parcerias fazem com que todas as partes envolvidas evoluam, ao passo que relações em que os reais interes-ses e as intenções não sejam evidenciados provoquem estresse, frustração e outros sentimentos, nada produtivos, bem como consequências negativas.

Parcerias sólidas, sustentadas na integridade, constituem a essência de um ecossistema poderoso, para aqueles que a integram. Parcerias proveitosas e de bases produtivas podem contribuir com relevantes vantagens competitivas; no entanto, parcerias não são pré-condições para que uma carreira ou um negócio perpetue e alcance sucesso.

Nossas proposições são para aqueles que apostem em parcerias efetivas e que cresçam em valor e, obviamente, em retorno; e para quem quer dar início ou aumentar o número de relações parceiras, apoiadas em alinhamento, sinergia, colaboração, honestidade, união e coesão de princípios, valores e objetivos.

As perspectivas e as chances de qualquer desigualdade na parceria são minimizadas quanto menor for o grau de dependência entre as partes parceiras; e maiores para ambos os lados, serão as oportunidades de criarem crescimento mútuo.

Se a existência e/ou sobrevivência de um sinalizar para uma relação muito forte, com a necessidade da contínua presença do outro, a parceria e sua integridade estarão ameaçadas, desde que o lado mais necessitado não apresente seus verdadeiros motivadores e razões para querer iniciar a parceria e, por vezes, mesmo com intenções adequadas, não consiga retribuir tudo o que recebe do lado parceiro. Daí, a importância de que o lado que estiver em uma situação mais estabelecida, ou privilegiada, deve tomar mais cuidado, antes de assumir ou compromissar-se em uma situação em que o outro, no início, terá muito mais vantagens. Compreender a realidade de que a primeira impressão, que pode ser muito positiva, do que de fato o potencial parceiro pode oferecer, é crucial. Se, no início da parceria, as partes tiverem uma relação de desigualdade entre o que podem ofertar, essa situação não deverá ser vista como um impeditivo ou inviabilizar o sucesso da relação; todavia, o equilíbrio entre o que é oferecido e o que é recebido pelos parceiros deverá ser atingido ou, pelo menos, deve-se buscar a breve proximidade desse ideal.

A busca pelas boas perspectivas, por resultados plenos e satisfatórios, irá fazer com que as chances de crescimento, para todas as partes envolvidas, cresçam consideravelmente. Pensar em abundância não significa desperdiçar ou assumir postura irresponsável. Trata-se de se apoiar na crença de que há o suficiente para todos serem, pensarem positivo e somarem sempre. O sentimento e o pensamento de escassez fazem com que a velocidade seja diminuída, a desconfiança surja e menos do que poderia acontecer de bom aconteça. As pessoas tendem a adotar uma postura defensiva. Se alguma das partes privilegiarem a necessidade por garantias, da não perda de dinheiro, de tempo ou de outros recursos, previamente, a se disponibilizar no que possui para agregar no relacionamento, tenderá a gerar ruídos de comunicação e sentimentos distorcidos, ocasionando o fim de algo que começou com as premissas equivocadas. Simples: para o sucesso, desenvolva e comece com mentalidade positiva e voltada à abundância.

Como avançar sem alinhamento de valores entre as partes? Valores convergentes são a fundação de uma relação próspera. Caso perceba incongruência de valores com a outra parte, encerre a parceria de imediato! Por vezes, por ganhos financeiros ou *status*, os desalinhos de valores ou princípios são tolerados; no entanto, na maior parte dos casos, com o tempo, percebe-se que os ganhos não compensaram os desgastes proporcionados pela discrepância de valores das partes. Eventualmente, vem o arrependimento pelo tempo despendido na relação, tida como predominantemente improdutiva. Quando da correspondência de valores, são firmados pactos duradouros e sustentáveis, sem a necessidade de assinar contratos ou qualquer papel.

Havendo alinhamento de valores e princípios, a constituição de contratos e a assinatura da documentação são imprescindíveis para que se organize a relação. Passa-se a estruturar e a se formalizar a parceria entre as partes, e a se contemplar tudo o que abrange e se relaciona com o dia a dia, incluindo definições do que deve ocorrer na hipótese de um possível término da relação. Deve-se evidenciar tudo o que se refere a rotinas financeiras, procedimentos e burocracias diversas, incluindo-se o que inicialmente pode não ter importância em uma relação profissional, mas que pode gerar mal-entendidos e desgastes desnecessários futuramente. É comprovado que, quando há alinhamento de valores e bom-senso, a maior parte do que pode constar de um contrato resolve-se com uma conversa; mas iniciar o relacionamento com as regras definidas minimizará ruídos e gerará velocidade, fluidez, segurança, profissionalismo e reais chances de tranquilidade e de sucesso.

A vivência nos mostra que pode acontecer, mesmo com as regras claramente escritas, verbalmente alinhadas, e sabendo que certas condutas são "universais", de um dos lados mudar o acordado, sem consultar a outra parte e sem se disponibilizar ao diálogo ou à negociação, gerando um conflito, no mínimo, de natureza ética.

Isso pode ocorrer com facilidade se um dos lados for demasiadamente ambicioso e ou extremamente motivado por dinheiro, podendo, assim, apresentar uma fragilidade moral e ética. A distorção, aqui, é a vulnerabilidade moral e ética do envolvido. Em um mundo materialista, com a valorização extrema do sucesso, "firmeza moral" passa a ser ainda mais importante. Alterar unilateralmente as regras durante a parceria, sem exposição de motivos ou negociação, deixa claro que a pessoa não foi transparente o suficiente na definição da relação, como proposto pela velha máxima: "o combinado não sai caro".

É essencial que o início de uma parceria se dê de forma parcimoniosa, com um complementando o outro. Quando não for possível no início, deverá ser definido como uma meta a ser atingida com o transcorrer do

Graziela Prado e Luiz França | 227

tempo. Relações iniciadas em condições desiguais podem se alinhar ao longo do tempo, com condições mútuas quantitativa e qualitativamente. Por vezes, ocorrem situações em que um lado utiliza o outro como escada, desatentando-se da necessidade da reciprocidade na relação parceira. Se uma parte da relação for predominantemente independente da outra, a parceria poderá não ser necessária, enquanto a parceria poderá começar a ser distorcida e nociva à parte que está sendo utilizada, sem reciprocidade, se a relação for de intensa dependência. Parceiros devem seguir lado a lado, devem ser pares em propósito e em contribuição. Com equilíbrio, a força e a velocidade de crescimento aumentam, apoiados na interdependência da relação!

A inveja, o incômodo com a competência, o conhecimento ou o sucesso do outro podem comprometer o resultado bilateralmente positivo da parceria. Às vezes, uma pessoa com menos idade ou menos experiência pode ter uma maior ou determinada competência, um crescimento mais acelerado ou maior reconhecimento do que o outro. Em outras circunstâncias, uma pessoa mais iniciante já pode desfrutar de um maior prestígio e ou melhores resultados financeiros. A admiração e a troca nos elevam, enquanto a inveja, principalmente se acompanhada de arrogância, apequena e degrada a relação de parceria. Respeitar, elogiar e apreciar nos eleva!

Profissionais podem se aproximar de outros, mediante um forte poder de convencimento e sedução, prometendo benefícios, como aumento de lucros, contatos, novos negócios etc. A conquista do outro pelo carisma, pela persuasão e por alegações diversas, pode esconder a fragilidade dos argumentos e do momento da pessoa ou, ainda, das intenções distintas das apresentadas inicialmente. É comum, quando o outro lado percebe o que de fato está acontecendo, ter a sensação de levar um "banho de água fria" e ocorrer, então, uma enorme frustração na relação. O outro não é uma medalha a ser conquistada. Certas pessoas, parecem que se alimentam e pagam contas pelo quanto encantam e influenciam outras. É importante que haja simpatia e proximidade entre as partes envolvidas, porém, a essência está em lembrar que o que dará sustentação à relação parceira serão evidências tangíveis e mensuráveis de ganhos e benefícios para as partes envolvidas. Em algum momento, a expectativa criada deverá ser alcançada ou superada.

É real que uma das maneiras de conhecermos uma pessoa verdadeiramente é no momento da separação ou no encerramento de uma parceria? Momento em que a "máscara cai" ou há a noção exata dos prós e dos contras do relacionamento, bem como percebemos se sabíamos quem o outro era, de verdade. O término de uma parceria é a hora da verdade a respeito do que ocorreu ao longo dela. No decorrer da parceria, devem ocorrer auditorias, para que desvios eventuais sejam corrigidos. Ao final da parceria, medida a temperatura da relação, deve haver predomínio de ganhos recíprocos e a percepção de que um sem o outro não teria chegado tão longe. O sucesso de uma parceria íntegra pode ser avaliado se esta deixou como legado, no mínimo, respeito ou uma sólida e sincera amizade!

Certas pessoas, predominantemente as mais agressivas, individualistas, iludem-se pensando que as pessoas estão à sua disposição para fazerem o que é apenas do seu interesse. Elas podem até atingir um certo sucesso, apesar da maneira como tratam os outros. Provavelmente, essas pessoas iriam ainda mais longe, caso tivessem cultivado relacionamentos mais salutares e verdadeiros.

Não avalie o sucesso de quem quer que seja apenas por uma dimensão da vida, pondere e investigue outras dimensões, uma vez que o equilíbrio entre elas é fundamental, para que o sucesso seja legítimo, efetivo e se alicerce em bases sólidas e sem efeitos colaterais indesejados. Nos dias de hoje, é comum encontrar um peso maior nas dimensões associadas às finanças, à carreira, ao status e ao prestígio, no entanto, todos temos diversas e importantes dimensões, como a família, os amigos, a saúde, o lazer, a espiritualidade, a sociedade, entre outras. Ao buscar parcerias íntegras e/ou fortalecer as existentes, pense que existem várias dimensões a serem contempladas para o crescimento e sucesso sustentável e saudável, na abrangência da palavra, para todos os envolvidos. Caso contrário, uma viagem entre amigos, provavelmente será mais divertida!

Nosso propósito é provocarmos sua reflexão a partir de dicas para o estabelecimento de parcerias íntegras, saudáveis e duradouras, como o caminho ao crescimento profissional.

Referências

ANTONIK, L. R. *Compliance, ética, responsabilidade social e empresarial*. São Paulo: Alta Books, 2016.

ASHLEY, P. A. *Ética e responsabilidade social nos negócios*. São Paulo: Saraiva, 2002.

ASSIS, M. *Governança, riscos e compliance*: mudando a conduta nos negócios. São Paulo: Saint Paul Editora, 2017.

CGU, C. G. *Programa de Integridade – Diretrizes para empresas privadas*. Brasília, set. 2015.

CGU, M. d. *Integridade para Pequenos Negócios*. Brasilia: Sebrae.

CROSS OVER BRAZIL. Disponível em: <http://crossoverbrasil.blogspot.com/2018/02/as-cinco-razoes-eticas-para-uma-empresa.html>.

GIOANINI, W. Compliance – A Excelência na Prática.

GONÇALVES, A. Disponível em: IBGC: <www.ibgc.org.br/blog/artigo-alvaro-goncalves>. Acesso em 18 de dez. 2020.

NALINI, J. R. *Ética geral e profissional*. São Paulo: Thomson Reuters, 2009.

PARIS, A. H. *Compliance*: ética e transparência como caminho. Rio de Janeiro: Lumen Juris, 2019.

26

EQUIPE NOTA 10 NO ATENDIMENTO

Como diferenciar-se em um ambiente cada vez mais competitivo, ressaltando que todos querem ser vistos e reconhecidos individualmente? Sendo assim, lembre-se de que cada cliente deverá ser tratado como único, criando mecanismos organizacionais para atender ao cliente mais bem informado e exigente, oferecendo em seus produtos e serviços o algo a mais, na ânsia de fidelizar seus clientes e garantir a perenidade do negócio. No entanto, as empresas necessitam de pessoas capacitadas, engajadas, integradas nesse contexto para gerar mutuamente, uma sinergia positiva no atendimento ao cliente. A empresa é um organismo vivo em constante transformação, com diferentes contextos e pluralidade de pessoas.

MARIA VILMA LIMA
E REGIANE GONÇALVES WIKIANOVSKI

Maria Vilma Lima

Pós-graduada em Assessoria Executiva pela FECAP e graduada em Administração de Empresas pela UNINOVE. Fez o Curso Preparatório de Docência na Área de Secretariado (CPDAS). Nove anos de experiência acompanhando importantes executivos em nível de diretoria e presidência, e atuando no segmento de varejo. Palestrante e participante de bancas de avaliações de TCCs. Coautora do livro *O futuro do secretariado: educação e profissionalismo*, com o capítulo "Profissional do secretariado executivo atuando na docência". Fez intercâmbio: em Toronto (Canadá) e em Cork (Irlanda).

Contatos
mvilma.lima@09gmail.com
Instagram: @mvilma.lima09
LinkedIn: www.linkedin.com/in/maria-
-vilma-lima

Regiane Gonçalves Wikianovski

Pós-graduada em Assessoria Executiva pela FIEO e graduada em Secretariado Executivo Trilíngue pela FECAP. Fez o Curso Preparatório de Docência na Área de Secretariado (CPDAS). 27 anos de experiência acompanhando importantes executivos em nível de diretoria e atuando no segmento financeiro. Participante de banca de avaliação de TCCs.

Contatos
regiwiki@uol.com.br
Instagram: @regiwiki
LinkedIn: www.linkedin.com/in/regiane-gonçalveswikianovski

Criando uma equipe de sucesso – cumplicidade é a palavra-chave

No mundo globalizado em que vivemos, com a infinidade de produtos e serviços para os mais variados gostos, a fidelização dos clientes requer um aperfeiçoamento contínuo da criatividade.
Diversas empresas, mesmo as mais sólidas no mercado, têm como desafio a arte de se superar a cada dia. Uma das mais bem-sucedidas é, sem sombra de dúvida, a marca de entretenimento mais famosa do mundo, criada pelo visionário Walt Disney. Seus funcionários atuam como membros de um elenco que têm como único e principal objetivo o atendimento de excelência. A receita é simples: atendimento de alta qualidade que antecipa as expectativas do público, satisfazendo-as nos mínimos detalhes. Equipe bem treinada é fundamental neste caso. O nível de integração do time traduz um sistema operacional coeso e eficiente. Todavia, qual é o segredo para se atingir tal sucesso?

Em primeiro lugar, é descobrir quem são os seus clientes e o que eles esperam quando o procuram. O termo utilizado é *guestologia*, que está calcado na forma de excelência do atendimento da empresa; é o estudo aprofundado desses clientes.

Como mencionado anteriormente, a Disney vê seus clientes como *guests* (convidados). *Guestologia*: o termo foi criado por Bruce Laval, que, à época, era vice-presidente operacional sênior da empresa. As técnicas incluem levantamentos, postos de escuta, grupos de foco, estudos de utilização e, o mais importante, o *feedback* que os clientes oferecem aos funcionários. O primordial é criar um perfil detalhado do público-alvo, que inclui fatores demográficos (características físicas dos clientes) e fatores psicográficos (atitudes, estilo de vida, valores e opiniões). Os dois tipos de conhecimento proporcionam informações úteis, que garantem o atendimento de qualidade.

A bússola da *guestologia* serve para processar as informações sobre sua clientela, analisando aspectos sobre suas necessidades, seus desejos, seus estereótipos e suas emoções. A partir dessa técnica, origina-se um tema de serviço inigualável, que define o propósito de uma empresa, transmite internamente uma mensagem e cria uma imagem positiva. Exemplo: no Walt Disney World, o tema é "criamos felicidade proporcionando o melhor em entretenimento para pessoas de todas as idades, por toda parte". O atendimento de qualidade é avaliado, priorizado e mensurado de acordo com determinados itens, como segurança, cortesia e eficiência.

As organizações, em geral, possuem três sistemas de atendimento: funcionários, recursos físicos da organização (forma de contato com a equipe de determinada empresa) e processos (operações para ofertar produtos e serviços). Segundo autor (EISNER, 2011 P.83) as seis dicas para a construção de culturas bem-sucedidas são:

1. Simplicidade: todos devem se sentir à vontade com a cultura. Deixe espaço para a individualidade e para a personalidade;
2. Seja global: todas as pessoas, inclusive a administração, devem aderir a ela;
3. Seja mensurável: crie diretrizes específicas e as incorpore ao processo de avaliação de desempenho;
4. Proporcione treinamento e *coaching*: incorpore os elementos da cultura ao treinamento dos funcionários e ao *coaching* contínuo de desempenho. Incentive a orientação entre colegas;
5. *Feedback* e ideias da equipe: cultive um senso de responsabilidade e expanda o banco de ideias criativas, permitindo que os funcionários contribuam com ele;
6. Reconheça e recompense o desempenho: desenvolva a motivação dos funcionários por meio de programa de reconhecimento e de recompensas formais e informais.

De acordo com (EISNER, 2011 P.85), são estas as dicas para um atendimento de qualidade:

• Cause uma primeira impressão memorável: primeiras impressões são duradouras. Transmita as mensagens certas aos funcionários novos e aos potenciais funcionários, desde o primeiro contato;
• Comunique primeiro o coração e a alma da organização: a sua herança, os valores e os temas de atendimento são padrões mais importantes que a papelada associada a novas contratações;
• Conjunto de dicas de apresentação, como: comportamentos genéricos que assegurem que os funcionários saberão agir com cortesia, respeitando a individualidade de cada cliente. Isso compõe uma referência para mensurar a qualidade do serviço;

- Crie uma cultura de apresentação: as culturas de apresentação representam comportamentos específicos do local, dos trejeitos, dos termos e dos valores que direcionam e melhoram o papel de um funcionário em uma unidade de negócios específica; utilizam valores, visões e missões compartilhadas para ajudar a força de trabalho, além de otimizar e personalizar o atendimento. (EISNER, 2011 P.85)

De acordo com ROCCATO "cliente cirúrgico" é aquele que pesquisou muito antes de realizar a compra, analisou outras opiniões, teve contato com pesquisas comparativas e leu comentários sobre experiências de compra com a marca.

Tal indivíduo está muito mais preparado para comprar do que seu profissional está para vender. (ROCCATO,2017 P.26)

Estamos na era do cliente interconectado: ele escolhe como prefere exteriorizar sua opinião, sua experiência com a empresa. Portanto, fique atento em como sua empresa é vista. Ressaltamos que todos queremos ser vistos e reconhecidos por nossa individualidade. Uma vez que as empresas consigam demonstrar seu comprometimento com a solução dos problemas de seu público, a fidelização será inevitável.

Características – formação e desenvolvimento da equipe

> *O talento vence jogos, mas só o trabalho em equipe ganha campeonatos. (Michael Jordan, ex-atleta da NBA)*

Lee Cockerell, em seu livro *A magia do atendimento,* afirma que é imprescindível contratar pessoas com paixão pelo trabalho, motivadas e energizadas, e que a melhor parte disso é que não é necessário motivá-las. Na visão do autor, a junção de excelentes habilidades com a disposição de que "eu faço o que for necessário" resulta no elemento essencial para o trabalho em equipe, que é o comprometimento.

Como mencionado no *site* sbcoaching.com, "a empresa é composta por pessoas de diferentes perfis, e é fundamental entendê-las e identificá-las para garantir a melhor *performance* da equipe." (SBCOACHING 2020). São habilidade que podem ser aprendidas e desenvolvidas.

A seguir, elencam-se competências que precisam ser desenvolvidas para afinar o trabalho em equipe:

- Empatia: capacidade de se colocar no lugar do outro, sem julgamento;
- Assertividade: capacidade do indivíduo de se expressar sem agressividade;

- Inteligência emocional: capacidade essencial na condução de gerir conflitos existentes no ambiente de trabalho;
- Comunicação: alinhada com as metas e os objetivos da companhia, evidenciando o papel dos colaboradores em prol da direção correta, como uma orquestra em plena execução;
- Proatividade: capacidade de antecipar as necessidades que surgem no meio do processo; tomar uma atitude e oferecer soluções;
- Criatividade e inovação: são habilidades cada vez mais exigidas no mundo corporativo, com o objetivo de otimizar os processos de forma rápida e eficiente, gerando resultados sustentáveis;
- Confiança: não existe trabalho sem confiança, sem o envolvimento mútuo de cada colaborador;
- Respeito: capacidade importantíssima para o relacionamento entre os indivíduos.

É fundamental que a empresa entenda que os colaboradores são o ativo principal; afinal, sem eles, nada acontece. A importância de conquistar e engajar esses funcionários para que se sintam parte da organização é o papel elementar que a empresa deve desempenhar. Assegurar aos indivíduos treinamento contínuo para garantir a uniformidade do trabalho. Entender que todos são elos relevantes dentro da organização, munidos de conhecimento e habilidades adquiridas com o intuito de desenvolver e otimizar melhores práticas para atingir o resultado almejado. (ENDEAVOR 2015)

Há uma citação que define bem a imprescindibilidade do trabalho em conjunto: "na sociedade em que vivemos, o trabalho em equipe é muito importante, pois cada um precisa da ajuda do outro". (PORTAL EDUCAÇÃO 2020).

> *Qualquer pessoa de sucesso sabe que é uma peça importante, mas que não conseguirá nada sozinha.*
>
> (Bernardinho, ex-técnico das seleções brasileira masculina e feminina de voleibol)

Desafios e ganhos do trabalho em equipe

A empresa é composta por pessoas. São elas que asseguram a sua existência e o seu crescimento. A equipe age como uma engrenagem, bem como acresce diferentes talentos e competências, em sinergia nos modos de pensar e de agir. Todos são responsáveis por suas tarefas, ou seja, pelo sucesso de uma atividade bem realizada ou pelo fracasso de uma ação mal sucedida.

Diante desse cenário, surgem alguns desafios no âmbito do atendimento.

Desafios

- Crenças limitantes;
- Processos obsoletos;
- Falta de investimentos;
- Conflitos na equipe;
- Falha na comunicação;
- Metas e objetivos indefinidos;
- Ausência de treinamentos para os colaboradores;
- Ausência de empatia;
- Improdutividade.

Se não houver paixão, se não houver comprometimento,
tudo o mais é inútil.

(Bernardinho, ex-técnico das seleções
brasileira masculina e feminina de voleibol)

Ganhos

Conforme Bernardinho mencionou no livro *Transformando suor em ouro*, o foco nos resultados traz a necessidade de estar constantemente reinventando a si mesmo, de buscar algum diferencial que garanta a liderança e a continuidade de bons desempenhos, ou seja, de gerar ganho a partir de um excelente trabalho em equipe, que não é uma tarefa fácil, porém não é algo impossível de fazer, basta a empresa definir qual a sua premissa de atuação e desenvolver meios para isso.

Colaboradores treinados e preparados, em sintonia com a filosofia da companhia, são indivíduos mais engajados, que se enquadram:

- Melhor *performance*;
- Prestação de serviço de qualidade;
- Vantagem competitiva/diferencial;
- Perenidade do negócio;
- Mais criatividade;
- Confiança mútua;
- Cliente satisfeito;
- Colaborador feliz.

Equipe de sucesso se traduz em cliente feliz

Na construção de uma equipe de sucesso, independentemente do mercado de atuação, a cordialidade e a atenção devem ser comuns a todos. O treinamento de uma equipe de sucesso deve seguir regras básicas, como:

- Coloque seu cliente em primeiro lugar;
- Ouça-o e o observe com atenção: utilize técnicas de leitura corporal;
- Identifique sua necessidade e sua percepção de valor das coisas;
- Proporcione uma experiência diferenciada.

Lembre-se de que a formação de uma equipe que possua identidade com os valores da empresa e os de seus líderes é primordial para a longevidade e a sustentabilidade do negócio. Portanto, demande tempo na escolha de seus profissionais e não vá pelo processo mais rápido, pois isso só resultará em tentativas inúteis e em erros. O líder precisa, inicialmente, unir as pontas, mesmo as mais divergentes. Para tanto, procure criar um ambiente propício para a participação em grupo, que incentive as pessoas a terem iniciativa. A iniciativa é individual, mas as ações devem ser sempre em grupo, bem como o reconhecimento dos resultados obtidos.

Conclusão

Nota-se que as empresas reconhecem a importância em priorizar o excelente atendimento ao cliente de forma orgânica. Isso se faz necessário na tentativa de a empresa oferecer produtos e serviços específicos em um ambiente globalizado e altamente competitivo. Até o momento, o ser humano desenvolveu e otimizou processos complexos, mas nada substitui, no atendimento, o olho no olho, o calor humano. A busca por excelência faz com que as companhias percebam que, embora a tecnologia ofereça facilidades e interfaces nas atividades diárias, são as pessoas que fazem a diferença.

Referências

BERNARDINHO. *Transformando suor em ouro*. Rio de Janeiro: Editora Sextante, 2006.

COCKERELL, Lee. *A magia do atendimento*: as 39 regras essenciais para garantir serviços excepcionais. São Paulo: Saraiva, 2013.

EDUCA MAIS BRASIL. *A importância do trabalho em equipe - Entenda como essa prática favorece o crescimento pessoal e profissional*, 2018. Disponível em: https://www.educamaisbrasil.com.br/educacao/carreira/a-impor-tancia-do-trabalho-em-equipe>. Acesso em 19 de mar. 2020.

EISNER, Michael Dammann. *O jeito Disney de encantar os clientes.* São Paulo: Saraiva, 2011.

ENDEAVOR. *Os desafios da retenção de talentos.* 2015. Disponível em: <https://endeavor.org.br/pessoas/retencao>. Acesso em 29 de mar. 2020.

ROCCATO, Pedro Luiz. *Como vender valor:* o revolucionário sistema venda + valor para resolver os problemas dos clientes e vencer. 2. ed. São Paulo: Portal do Canal, Grupo Direct Channel, 2017.

ROMUALDO, Jenifer Soares. *Trabalho em equipe - Juntos somos muito melhores do que sozinhos!,* 2020. Disponível em: <https://siteantigo.portaledu-cacao.com.br/conteudo/artigos/conteudo/trabalhoem/10105>. Acesso em 19 de mar. 2020.

SBCOACHING. *Importância do trabalho em equipe para sua carreira.* Disponível em: <https://www.sbcoaching.com.br/coaching/trabalho-equipe--liderar/>. Acesso em 18 de dez. 2020.

SBCOACHING. *Trabalho em equipe - Como liderar uma equipe. Você sabia que o trabalho em equipe pode transformar sua empresa?.* 2020. Disponível em: <https://www.sbcoaching.com.br/coaching/trabalho-equipe-lide-rar/>. Acesso em 29 de mar. 2020.

27

CASE DE SUCESSO NO ATENDIMENTO

Uma inspiração, algo que você queira seguir, ter a mesma experiência e o mesmo resultado. Um *case* de sucesso é aquele em que você coloca a sua paixão, o seu coração, e dá tudo de si para que o projeto seja o melhor. Paixão pelo bom atendimento, ver o seu cliente feliz, fazer o melhor pelo outro, pensar em todos os detalhes e superar a expectativa. Aqui, veremos o papel do secretário nesses processos.

REGINA SILVEIRA

Regina Silveira

Psicossocioterapeuta em Gestão de Conflitos pela Faculdade Keppe e Pacheco. Apresenta, desde 2017, palestras e encontros para o secretariado. Concluiu o 6º CPDAS – Curso Preparatório para Docência na Área do Secretariado (2018). Em 2019, recebeu o certificado avançado para o Assistente Executivo ACEA™. Conselheira, facilitadora e participante de eventos e de jornadas nacionais e internacionais no maior clube de secretários executivos do Brasil, o *Pepita's Secretaries Club*. Coautora do livro *O futuro do secretariado*, lançado em 2019, pela Editora Literare Books International, com o capítulo "Educação e felicidade". Tem desejo forte de divulgar seu ofício pelo mundo, observando e compartilhando o que aprendeu e ainda aprende na vivência com o secretariado.

Contatos
reginasilveiram@gmail.com
LinkedIn: www.linkedin.com/in/regina-silveira-08a1254
Lattes: www.lattes.cnpq.br/7656592611526526
11 94793 4969

Todo poder real vem da ação fundamentada naquilo que é verdadeiro, bom e belo. O poder humano é ligado através da consciência, à energia de Deus, e se manifesta através do trabalho feito para beneficiar a humanidade. Aqueles que servem aos outros se tornam mais poderosos. O poder real é baseado na liberdade.

(Cláudia Pacheco)

Muitos dizem que o sucesso é o resultado de processos aplicados. É sempre procurar o melhor para o outro, entender quem é o seu foco de atendimento. A necessidade de ter sucesso leva a procurar novas e produtivas maneiras de prestar um bom atendimento.

Muitos desejam ser o número um em tudo, pois esta é a função ou o cargo para os quais que foram contratados, ou porque não querem ficar para trás, ou porque simplesmente não vivem sem um desafio, ou, ainda, porque sentem a pressão de "bater as metas", deixando de lado, então, o resultado final, que é o servir bem, que é ter um produto útil e prático, que será usado no dia a dia dos clientes.

Estamos falando aqui do atendimento B2B e B2C. B2B significa *business-to-business*, ou seja, a abreviação dessa expressão, em inglês. O significado de B2B se refere a duas empresas que fazem negócios, enquanto cliente e fornecedor. O oposto seria o B2C (*business-to-consumer*), em que o consumidor final é uma pessoa física. Porém, o que era visto como simplesmente uma sigla tornou-se um modelo de negócio muito lucrativo, com métricas e técnicas de gestão específicas, um *marketing* lucrativo e um modelo de vendas muito agressivo.

No que você se transformou ao chegar ao final de seu projeto, identificado como *case* de sucesso?

Os profissionais que participam de um *case* de atendimento têm paixão pelo que fazem, veem o coração do outro.

Podemos afirmar que tem sucesso quem liga mais para o seu cliente, ou possível cliente; tem sucesso quem visita mais, quem oferece mais, quem se prepara mais, quem se relaciona mais, enfim, quem convive mais.

E, para saber qual o nosso papel nesses processos, em seu livro, Moacir Rauber escreve:

> A profissão de Secretariado ou Assessor Executivo passou por mudanças significativas ao longo dos anos, deixando o fazer mecânico operacional para se transformar na profissão mais complexa e vital para o escopo gerencial nas corporações, dentre tantas atribuições incorporadas a principalmente ainda é o relacionamento com diversos níveis hierárquicos. Normalmente, atendem a um diretor, a um coordenador, a uma área ou a um departamento, mas sempre estão em contato com pessoas diferentes do ambiente interno e externo. E nem sempre as relações são cordiais ou amistosas, muitas vezes resultado de problemas de relacionamento do superior hierárquico. Flexibilidade, sem ser volúvel, é uma necessidade para o profissional de Secretariado. E isso significa ser resiliente. (RAUBER, 2013, p. 170.)

Vamos falar sobre o atendimento do Pipoqueiro de Curitiba, o Valdir. Tudo o que ele fazia era para oferecer o melhor para o cliente. O principal para ele era: 1) qualidade no atendimento; 2) qualidade no insumo; e 3) higiene. E ele aplicava esses três itens com muito foco, e um sorriso no rosto.

Para quem não conhece o Valdir, de 50 anos, vai aqui um pouquinho de sua história: já foi boia-fria e lavador de carros; hoje, ele é um grande empreendedor, com o seu carrinho de pipoca, e um palestrante motivacional. Ele criou um kit para o cliente usar depois de comprar a pipoca, composto de guardanapo, fio dental e uma bala de menta. Inovou, criando um cartão-fidelidade e um *voucher* para quem quiser provar, de graça, a pipoca. Em 2016, seu carro de pipoca ganhou uma placa de energia solar, para não precisar depender da energia elétrica e, ainda, preservar o meio ambiente. Oferece aos seus clientes serviço de wi-fi, TV com notícias e máquinas para pagamentos. Em 2019, lançou uma nova embalagem e cinco tamanhos diferentes. Então, você pensa: "Puxa, eu quero ir lá conhecer esse Valdir, ganhar o kit de higiene e provar sua pipoca!"

O que faz você pensar isso? Certamente, pelo simples fato de conhecer um fornecedor que pensa em você, que, acima de tudo, quer o seu bem-estar e o do ambiente, o que nada mais são que a paixão e o foco do Valdir.

E você, como assistente, consegue enumerar o passo a passo que faria nesse processo de atendimento? Procuraria o melhor preço e o modelo dos uniformes? Faria o orçamento dos saquinhos da pipoca? Disponibilizaria álcool em gel ao comprador de pipoca e idealizaria os kits de higiene? Pensaria em como fazer a agenda do Valdir – pois ele foi convidado a palestrar em todo o Brasil? Agendaria hotéis, *transfers*, aéreos, checaria os pagamentos das apresentações dele, e por aí vai? Somente você, assistente, e que conhece técnicas secretariais, já identifica, no mínimo, esses detalhes.

Assim como o pipoqueiro Valdir pensou em todos os detalhes de como atender bem a seus clientes, oferecendo da melhor maneira o seu produto, sendo ágil, incansável, tendo ao seu lado um excelente assistente, a marca americana de óculos Warby Parker, fundada em 2010, na Filadélfia, EUA, procedeu da mesma forma. A ideia de abrir uma ótica começou com um problema: um dos sócios, enquanto viajava durante as férias do colégio, perdeu os óculos e, por isso, passou o semestre inteiro sem enxergar direito a lousa, pois os óculos eram tão caros, que não pôde logo fazer outros. E foi esse fato que os incentivou a abrir o negócio:

> O setor de óculos é dominado por uma única empresa, que conseguiu manter os preços artificialmente altos e colher enormes lucros de consumidores que não têm outras opções.
>
> Começamos a Warby Parker para criar uma alternativa.
>
> Contornando os canais tradicionais, projetando óculos internamente e interagindo diretamente com os clientes, podemos fornecer óculos graduados de alta qualidade e com melhor aparência por uma fração do preço atual.
>
> Acreditamos que a compra de óculos deve ser fácil e divertida. Deve deixá-lo feliz e bonito, com dinheiro no bolso.
>
> Também acreditamos que todos têm o direito de ver.
>
> Quase um bilhão de pessoas no mundo não tem acesso a óculos, o que significa que 15% da população do mundo não pode aprender ou trabalhar efetivamente. Para ajudar a resolver esse problema, a Warby Parker faz parceria com organizações sem fins lucrativos como o VisionSpring para garantir que, para cada par de óculos vendidos, um par seja distribuído a alguém em necessidade.
>
> Não há nada de complicado nisso. Bons óculos, bom resultado!

E um dos bons resultados a que se referem são os milhares de dólares de lucro. A Warby Parker tornou-se a marca de óculos mais conhecida na América do Norte. Eu gostaria de ter um Warby Parker! Isso é o que faz uma empresa que coloca o outro, o servir e o atender bem em primeiro lugar. Em um mundo em que se contam os centavos, faz toda a diferença ser bem atendido por quem acredita no produto que oferece.

Concluímos que o principal fator para você começar a trilhar o caminho dos resultados é prestar um bom atendimento ao cliente. Podemos dizer que esse relacionamento é a melhor metade de um negócio bem-sucedido. E, mais uma vez: qual foi o papel da secretária nesse processo? Mara Szankowski (1983, p. 236) assevera em seu artigo:

> Foi-nos de suma importância a percepção de nosso real papel e finalidade na empresa e na vida, que é o de SERVIR. [...] Secretariar nada mais é do que servir ao seu superior, tal qual a própria finalidade do ser humano em relação a Deus, pois todos nós somos como "secretários de Deus", onde devemos amá-lo e servi-lo, sendo submissos à verdade e à realidade, levando as nossas ações em direção a Ele.

Vemos, nessas equipes, que fizeram o caso ser um sucesso em atendimento. Seres humanos que sentem medo, ansiedade e pressão, mas que enfrentaram cada um deles, treinaram, buscaram recursos, ferramentas, e foram capazes de encantar a todos, oferecendo a seus clientes o melhor. Tinham, também, em sua equipe, um assistente para dar o suporte necessário à finalidade que almejavam; e, quando percebemos qual a nossa verdadeira vocação, Deus nos ajuda a encontrar o modo certo, a pessoa certa, a empresa certa.

Falaremos, aqui, de mais dois exemplos de atendimento nota 10. Em uma produtora de comerciais para TV, a CINE, o gestor, Raul Doria, idealizou e utiliza o FAR – Formulário de Avaliação Rápida. Posteriormente à aprovação de um comercial de TV, uma agência de publicidade o contrata para produzir uma peça. Então, ele envia para todos os profissionais da agência que acompanharam o processo de atendimento, pré-produção, filmagem, pós-produção e apresentação, por e-mail, um questionário com três perguntas, e solicita um comentário sobre o filme. O formulário possibilitou verificar processos e etapas da pré-produção, da filmagem e da pós-produção, resultando em um atendimento transparente. A maioria das respostas foi de aprovação dos trabalhos (em 2019, foram enviados mais de um mil questionários).

Doria também formulou o Decálogo do Atendimento, e aqui temos alguns dos 10 pontos levantados por ele:

Conquistar um cliente demora anos, perdê-lo, minutos. Devemos ter humildade, muita humildade. Nós não somos artistas e não podemos e nem devemos nos comportar como tal. Todos os diretores e produtores que se consideravam "geniais" foram eliminados do mercado. Nosso comportamento deve ser de trabalhadores sérios, dedicados, honestos, leais, de bom caráter, que estão sempre a disposição das agências e clientes. Estes sim, geniais. A aprovação do filme é o momento mais importante do processo. Por isto, precisamos nos acautelar que todos os sentidos do cliente estejam cuidados antes da apresentação. O local deve estar rigorosamente limpo e arrumado, o cheiro deve ser agradável e repousante, a temperatura em torno de 20°... Checar tudo com muita atenção e por mais de uma pessoa. [sic]

Com esse olhar, podemos dizer que a sua produtora é um *case* de sucesso em atendimento, e o resultado é a fidelização do seu cliente. E, mais uma vez: qual foi o papel da secretária nesse processo? Como escreveu Elidia Ribeiro (2019, p. 73):

> [...] uma equipe precisa atender a seis condições básicas: a existência de um desafio a ser superado, o comprometimento, a responsabilidade, a motivação, as habilidades e a união.
>
> Em equipes verdadeiras, seus membros estão envolvidos em seu próprio sucesso, e desta forma intensificam o foco na tarefa presente. Isso provoca o compartilhamento das informações e a delegação do trabalho.

Em referida produtora, a secretária acompanhou o olhar do gestor, participando de cada etapa, trabalhando com a equipe necessária para atingir o resultado, quer da equipe de serviços, quer da operacional.

Nós somos o que fazemos repetidas vezes. Portanto, a excelência não é um ato, mas um hábito. (Aristóteles)

As pessoas não compram o que você faz; eles compram porque você faz isso. E o que você faz simplesmente prova em que você acredita.
(Simon Sinek)

Formas de avaliar o atendimento:

Dependerá da particularidade do negócio:

a) Se for um hospital, tudo o que se espera é empatia, clareza, assertividade e rapidez;
b) Se for de um e-commerce, o que se deseja é resposta automática e solução do problema em menos de 24 horas;
c) Se for nas redes sociais, o que se quer é uma interação imediata e um atendimento humanizado.

Portanto, a peculiaridade do atendimento está associada ao tipo de negócio e ao que o cliente deseja ou espera do produto que irá adquirir.

Finalizo aqui com este texto:

> Secretariar nada mais é do que servir ao seu superior, tal qual a própria finalidade do ser humano em relação a Deus, pois todos nós somos como "secretários de Deus", onde devemos amá-lo e servi-lo, sendo submissos à verdade e à realidade, levando as nossas ações em direção a Ele. (SZANKOWSKI; SIQUEIRA, 1983, p. 236.)

Referências

D'ELIA, Bete; ALMEIDA, Walkiria (coor.). *O futuro do secretariado*: educação e profissionalismo. São Paulo: Literare Books, 2019.

DORIA, Raul. *Decálogo do Atendimento*, 2016.

DORIA, Raul. Formulário de Avaliação Rápida – FAR, 2007.

PACHECO, Cláudia S. *Psicoterapia por telefone*. São Paulo: Proton, 2018.

RAUBER, M. J.; RAUBER, A. S. *Perguntar não ofende…: uma abordagem de coaching para o profissional de secretariado*. Toledo: Mundo Hispânico, 2013.

RIBEIRO, Elidia. "As competências do profissional de secretariado na educação". D'ELIA, Bete; ALMEIDA, Walkiria (coor.). *O futuro do secretariado: educação e profissionalismo*. São Paulo: Literare Books, 2019.

SZAŃKOWSKI, M. L.; SIQUEIRA, T. C. A. "A Secretária do Terceiro Milênio". In: *Revista de Psicanálise Integral*. n. 12. São Paulo: Editora Proton, 1983. 330 p.

28

ASPECTOS DO PROFISSIONAL HÁBIL EM VENDAS

A área de atendimento requer um DNA especial. Ser um profissional de sucesso em vendas exige mais que talento, envolve desenvoltura diferenciada, alinhando interação, comunicação, informação e muita resiliência. Nas últimas décadas, o comportamento da sociedade vem mudando sensivelmente, mas a economia e os negócios continuam tendo um lugar de destaque.

DEISE MENDES

Deise Mendes

MBA em Business pela FGV. Graduada em Secretariado Executivo Trilíngue pela FECAP. Docente em Técnicas Secretariais e Recursos Humanos pelo Colégio Fênix. Trabalhou como secretária de diretoria na Adams & Porter Seguros. Após oito anos, em paralelo, surgiu a oportunidade na área comercial. Passou a representar o Grupo Interbrok e a atuar na célula de relacionamento corporativo. Estudou todos os ramos de seguros e formou-se corretora de seguros pela FUNENSEG. Trabalhou na Marsh & McLennan com atendimento ao cliente – programas mundiais, relacionamento corporativo, gerenciamento de contas e negociações. Atualmente, é secretária executiva do ex-presidente Fernando Henrique Cardoso, dando suporte ao corpo diretivo e às áreas correlatas da Fundação FHC. Atuou por três anos consecutivos na organização de eventos do ITTS, que, em 2018, levou à ONU, em NY, a experiência que salvou vidas no trânsito do Brasil; e colaborou com o Four Summit 2019, evento de três dias que discutiu contribuições para a transformação do país.

Contatos
deise.chaves.mendes@gmail.com
LinkedIn: www.linkedin.com/in/deise-mendes-08489049

Dificuldades preparam pessoas comuns para destinos extraordinários!
C. S. Lewis

Introdução: vendas

Será que é fácil ser um exímio vendedor? Uma coisa é certa: esta área responde por uma responsabilidade grande, que é a entrada de receita na empresa. Quanto mais expressivo o comissionamento, maior o interesse. Há esse impacto natural, que faz parte da dinâmica.

É importante perceber que não importa em que lugar você esteja situado no organograma da sua empresa, caso atue na área de vendas, certamente já deve ter notado que a pressão (componente indesejável) é, de certa forma, comum e que o trabalho gira em torno de um elevado volume de vendas, com um time enxuto e operação otimizada.

Em um atendimento direcionado a vendas, a lei de ouro é básica: o cliente manda. Naturalmente, ele nem sempre tem a razão, mas não é uma circunstância para julgamentos, e sim para atender às necessidades da melhor forma possível.

Espelhar a devida atenção ao consumidor é primordial. Em todo o processo de atendimento, é necessário demonstrar: respeito, interesse, cortesia, eficiência e encantamento.

Procure dar o seu melhor e haja com honestidade e espontaneidade.

Seja proativo. Dê dinamismo ao seu tempo e ao de seu cliente. Como diz o ditado: tempo é dinheiro. Seja objetivo; com eficiência, você tende a tomar decisões com maior assertividade.

Entenda a importância do atendimento

Os consumidores possuem os mais diferentes interesses. Entretanto, o que todos têm em comum é o anseio por uma prazerosa experiência no momento da compra, seja ela qual for.

Para melhor compreender esta linha de raciocínio, é possível fazer um exercício: imagine um momento agradável de compras; essa atividade o levará a uma reflexão acerca do que se espera do atendimento dentro de uma situação de vendas, que é o nosso foco neste capítulo.

Não importa que a venda seja de produtos ou serviços, no fundo, o que se vende são "valores". Proporcione isso.

É possível compreender essa questão sobre valores da seguinte forma: você está com seu casamento marcado, já acertou todos os detalhes, exceto onde será sua noite de núpcias. Então, pesquisa vários lugares, hotéis, as referências, e, nesse ínterim, seu melhor amigo lhe recomenda um hotel top de linha, o qual a crítica diz ser sensacional! E percebe que o custo é exorbitante, é algo que até foge do seu orçamento, mas, ainda assim, decide fazer a reserva, arcar com essa experiência. Após o casamento, dirigem-se ao maravilhoso hotel e, logo na chegada, notam uma certa demora no estacionamento, bem como ao serem recepcionados e direcionados à sua suíte. As expectativas são grandes. A suíte não fica a desejar, é realmente espetacular, linda, confortável, ampla, tem uma vista daquelas, e está decorada especialmente para o momento do casal, com muito carinho e requinte. No dia seguinte, acordam com um esplendido café da manhã, até que, então, sentem uma coceira no tornozelo; quando observam de perto, veem que havia algo minúsculo andando já perto dos seus pés, e identificam um percevejo ou uma pulga, estava na cama em que vocês dormiram. É realmente frustrante acordar com picadas pelo corpo; ainda que não sejam alérgicos, não é aceitável. É como se achassem um fio de cabelo no pão. Tudo que vocês não esperavam era serem surpreendidos no quesito higiene.

Veja uma nova situação: você decidiu fazer uma cirurgia plástica, para correção do nariz (rinoplastia). Vai à consulta, passa pelo médico, recebe o orçamento e não acha o preço tão atraente; tenta negociar, mas não consegue descontos, e, ainda assim, acredita que vale a pena pelas condições, com o médico e o hospital tão conceituados, e faz a cirurgia. Quando vê o resultado, no pós-cirúrgico, você nota que o nariz está torto, que não possui os contornos que combinou, pelos quais esperava ansiosamente. Nesse momento, esperava competência. Compreende?

Então, veja: é importante observar quais são os valores do meu cliente. Segurança, rapidez, competência, higiene? Você tem que notar e fazer valer.

A dinâmica entre o consumidor e o vendedor

Converse com o seu cliente, faça perguntas sucintas e o observe. Capte o que ele gosta. Fale com a sua equipe, procure trocar ideias sobre o assunto dentro do seu negócio.

Uma ideia válida é a possibilidade de criar um comitê com alguns dos seus principais clientes. Ouça-os. E, neste novo *approach*, tome nota e faça a implantação condizente.

É importante saber se portar em todos os momentos, e nessa hora conta muito a sua intuição. Não seja inconveniente, tampouco arrogante, ou fique repetindo as mesmas coisas, sem argumento.

Uma característica importante nessa dinâmica é atentar-se aos sinais que seu corpo dá: assim, uma linguagem corporal positiva é extremamente importante, sendo praticamente a chave do sucesso, junto da entonação da voz, que dá credibilidade, cria empatia e conexão. Mantenha o contato visual, uma postura ereta e segura, e, ao falar, seja amável, sorria, chame pelo nome, tenha atitudes de servir.

Percebe-se que ser robótico não deixa a relação fluida. Humanize o atendimento, construindo uma relação mais legítima.

É preciso o uso das famosas palavrinhas mágicas: "por favor", "bom dia", "obrigada", "como posso ajudá-lo hoje?", "em que posso ser útil?", "com licença", e assim por diante.

Se você possui um cargo de liderança, mantenha a confiança, a comunicação, a criatividade, a capacidade de delegar, a honestidade e, principalmente, o comprometimento.

Venda consultiva

É importante vender a solução ideal para o seu cliente. Buscar entender o que ele deseja de fato, em que área precisa de ajuda, oferecer a solução com o produto ou serviço que vá de encontro com suas perspectivas e reais necessidades. Não apenas vendendo, agregando valor.

Procure usar e abusar de argumentos precisos. Fale do leque de benefícios daquilo que você propõe, faça sugestões. Saiba recomendar.

Se for possível, faça demonstrações. A maioria das pessoas gostaria de testar o que vai comprar, em vez de só ouvir falar sobre o produto. É importante demonstrar o uso do item para o seu consumidor.

Conhecer quem vai comprar ajuda a vender. Em lojas, onde o contato é curto, é preciso identificar logo qual é a necessidade do consumidor no momento da compra.

Busque ter total conhecimento do seu ramo de atividade, do seu público, do seu segmento, especialmente do que você vende, e de todo o trâmite, do início ao fim do processo. Isso é imprescindível para a excelência.

Acreditar no que está fazendo, no que está entregando, é parte do processo de domínio. Assim, você vende bem, sempre e com segurança. Leia muito. Enriqueça seu vocabulário e suas habilidades técnicas.

Plano de vendas

Conheça os seus números

Entenda qual é o seu posicionamento. Em que patamar você está no ranking do seu mercado, ou mesmo dentro da sua empresa. Situe-se. Há lugar para todos.

Estabeleça quanto quer faturar, quais números você pretende atingir em vendas, seja em quantidade de produtos ou em valor de receita. Quanto pretende vender, por semana, por mês, e assim por diante. O preço praticado está em consonância com o seu mercado? Se ele está competitivo ou com uma boa margem de lucro, significa que foi feito um ótimo acordo comercial na aquisição; ponto para você!

Como está seu estoque (se for o caso)? Ele está abastecido e possui a logística necessária para entrega? Quanto custa essa estrutura? Inclua tudo em seus cálculos finais. Quando falar em números, seja realista.

Sobre as metas, por exemplo, se tem como objetivo conseguir nesta semana cinco novos clientes, prospecte até alcançar. Se na semana seguinte se sentir confortável, aumente a meta para sete.

Seja focado

É importante listar quais são os seus principais produtos ou serviços. Eleja qual deles será o seu "carro chefe", ou seja, para qual você dará destaque, aquele em que pretende focar.

A escolha depende muito da sua própria análise de gestão empresarial. Poderá se basear naquele que traz maior rentabilidade, maior lucro aos seus negócios, ou ainda o que é lançamento, que ninguém tem ainda, o que te fará ser diferente dos seus concorrentes, também trazendo, com isso, visibilidade. Também pode ser que decida atuar com aquele que tem maior quantidade parada em seu estoque, por exemplo. A decisão é parte da sua estratégia. Pode ser que seja baseada no que mais se identifica, no que te apaixona, tudo vai depender muito do que é mais importante para o seu *business* agora.

Tenha em mente qual foi a sua escolha, qual é o seu direcionamento e siga adiante, até atingir os objetivos traçados. Conforme for avançando, vá fazendo os registros, para não se perder.

O senso de urgência é algo que os campeões em vendas possuem, eles não deixam nada para depois, não desperdiçam tempo com lamentações, são obcecados por terminar suas tarefas o quanto antes e não se dão por vencidos até que concluam o que têm programado.

Monte a estratégia

Busque avaliar de que maneira pretende bater suas metas.

Quantos clientes e não clientes consegue abordar ao dia? Qual o número de prospecções (em média) necessárias para divulgar e disseminar sua oferta?

Quantos clientes você já possui em sua carteira de atendimento? Todos têm conhecimento de tudo que você pode oferecer?

Sobre a captação de novos clientes, o que posso fazer para formar essa carteira? Faça a identificação do cliente ideal, aquele que precisa ou se interessaria pelo seu negócio e tem como pagar por ele.

Procure saber onde está esse grupo de pessoas (escolas, comércio, igrejas, instituições privadas ou governamentais, ONGs etc.).

Como fará essa abordagem? Presencial, por telefone, e-mail, redes sociais, veículos de comunicação do ramo, em parceria com terceiros? O material de apoio é atraente, de qualidade e expressa a realidade?

Analise quais recursos possui dentro de sua empresa que te façam chegar até seus clientes, quais maneiras para utilizá-los.

Estabeleça seus horários para cada uma das atividades – talvez montar uma planilha ajude, ou lançá-las em seu calendário eletrônico –, e vá avaliando se atendem às perspectivas.

Caso sua operação seja totalmente *online*, como está a administração do seu site? Ele é dinâmico, claro e confiável? Certifique-se de possuir todas as ferramentas em total segurança.

Há algum campo em que é possível o consumidor dar seu *feedback*? Há um trabalho de pós-venda? Há quem faça o que se chama de "manutenção", e que mantenha ou estreite os laços com esse cliente?

Por fim, seja flexível. Nenhum plano de ataque é 100% eficaz todo o tempo. Sempre reveja a forma com que vem trabalhando, pense se não há novas estratégias mercadológicas ou algum recurso tecnológico que possa te favorecer.

Tenha persistência. Você ficará mais preparado a cada dia que passa.

Fidelização

Pode-se afirmar que manter os clientes existentes é tão importante quanto buscar por novos clientes.

Vale levar em consideração os seguintes pontos.

- Invista em treinamentos constantes, e voltados à satisfação do cliente.
- Ofereça uma experiência de consumo exclusiva.
- Seja empático e personalize o atendimento durante a venda, procure antecipar-se às necessidades do consumidor.

- Seja transparente e flexível durante a negociação.
- Estruture programas de fidelidade com ofertas e benefícios exclusivos; faça campanhas.
- Crie um sentimento de comunidade e pertencimento; fazer o cliente sentir que vocês têm algo em comum e que são da mesma "tribo" é uma das estratégias mais inteligentes utilizadas pelos grandes vendedores.
- Saiba aceitar críticas e sugestões, e use este precioso *feedback* para se aprimorar.
- Pense em investir em CRM: o *customer relationship management* é um sistema de gestão de relacionamento com o cliente que reúne dados e informações sobre as preferências do consumidor. Com ele, pode-se prestar um atendimento especializado e melhor, por meio da tecnologia da informação.
- Acompanhe o pós-venda. O *follow-up* é uma excelente maneira de medir o nível de satisfação do cliente, pedir *feedback*, oferecer suporte técnico e esclarecer dúvidas quanto ao funcionamento do produto ou do serviço.

Não force uma compra momentânea. Venda o que é preciso, caso contrário, o consumidor se sentirá enganado e não voltará. Trabalhando com qualidade, sendo prestativo, garante não apenas a venda naquele momento, mas também faz com que ele volte e indique outras pessoas, possíveis novos clientes.

No caso de reuniões com seus clientes, é crucial manter a pontualidade, o foco e a disciplina. Ao marcar o horário de uma reunião, por exemplo, estipule horário do início e fim, isso evitará qualquer constrangimento.

Sempre que possível, faça algo extra pelo seu cliente. Muitas vezes não precisa ser algo tão complexo. Por exemplo: prometeu a entrega para o sábado e consegue antecipar para a quarta-feira? Proponha! Surpreenda!

Os erros mais frequentes

- Não entender do seu produto ou serviço, do começo ao fim do processo. Primeiramente, o consumidor compra as ideias do vendedor.
- Se ele o enxerga como um verdadeiro *expert* no produto, no serviço que oferece, então terá confiança suficiente para efetivar a compra.
- Não assimilar que o consumidor compra o que o seu serviço ou produto oferece, o que ele possibilita, os benefícios em si. Não adianta o vendedor perder tempo falando da oferta. O que irá vender é a solução.
- Não compreender o que leva as pessoas às compras. As escolhas de consumo impactam financeiramente e estão sempre alinhadas com os aspectos cognitivos e emocionais. Cada pessoa possui um significado

muito próprio para decidir pelo consumo. E, especificamente, são duas as principais motivações para isso: a emoção de ter algo novo ou o medo de perder algo que seja valioso para elas. Trata-se de um princípio de prazer ou de dor; em outras palavras, trata-se de tomar uma decisão com base no que possibilita uma sensação prazerosa (ainda que momentânea) ou em cima daquilo que nos livra da dor, do medo de perder algo que é importante.

É sempre bom lembrar que a compra é feita por emoção, mas que a justificamos com a lógica.

Considerações finais

No balcão da vida, somos todos clientes; já o somos desde o nosso primeiro dia de vida. Depois do parto, o bebê é o cliente da enfermeira, da obstetra, do hospital, da clínica de vacinação, e por aí em diante. É um papel que levamos para a vida, gostando ou não. Daí a importância desse aprendizado.

Há uma frase de Jeff Bezos, fundador da Amazon, que diz:

> Vemos nossos clientes como convidados para uma festa, e nós somos os anfitriões. É nosso trabalho, todos os dias, fazer cada um dos aspectos importantes da experiência do cliente um pouco melhor.

Seja uma marca, seja convincente, tenha o seu diferencial e vá em frente, firme e forte! Que o seu atendimento seja excelente! Ótimas vendas!

Referências

BLANCHARD, Ken; CUFF, Kathy; HALSEY, Vicki. *Experiência inesquecível*. Editora Figurati, 2015.

ENDEAVOR BRASIL. *e-Talks – atendimento ao cliente de forma eficiente.* Disponível em: <https://www.youtube.com/watch?v=r45R9AKJM4Q>. Acesso em 25 de abr. 2020.

FLORES, Carlos. *Estratégias para ofrecer buena atención y servicio al cliente.* Disponível em: <https://www.youtube.com/watch?v=3DydpGrcy9c&list=PLXeC4qMjgs03ZiUe-b-Hb-Rxg2LpamdYw&index=20>. Acesso em 25 de abr. 2020.

MICHELLI, Joseph; ABRAMOWICZ, Leonardo. *Guiados pelo encantamento - O método Mercedes-Benz para entregar a melhor Experiência do Cliente*. Editora DVS, 2017.

SEBRAE. *Como elaborar um plano de vendas.* Disponível em: <https://m.sebrae.com.br/sites/PortalSebrae/bis/como-elaborar-um-plano-de-vendas,4b9b26ad18353410VgnVCM1000003b74010aRCRD>. Acesso em 25 abr. 2020.

TROY, Heber. *O jeito Disney de encantar os clientes.* Disponível em: <https://www.youtube.com/watch?v=fg8XhrtTt6o>. Acesso em 25 de abr. 2020.

29

A DIVERSIDADE NA COMUNICAÇÃO ENTRE COLABORADORES DA MESMA EMPRESA

Neste capítulo, apresenta-se a importância de uma comunicação precisa, para que os resultados sejam alcançados de acordo com o sucesso esperado. O líder perceberá que, com uma interlocução clara é possível fazer todos seguirem na mesma direção.

KATIA FRUTUOSO DE LIMA BARBOSA

**Katia Frutuoso
de Lima Barbosa**

Pedagoga pela FIG - Faculdades Integradas de Guarulhos, graduada em Secretariado Executivo Trilíngue pela FMU - Faculdades Metropolitanas Unidas; e pós-graduada em Assessoria Executiva pela FECAP - Fundação Escola de Comércio Alvares Penteado. Atua há mais de 25 anos na área de secretariado, assessorando diretores e presidentes no ramo do agronegócio.

Contatos
katia_vic@yahoo.com.br
Instagram: @katia42lima

Todos se comunicam, mas poucos se conectam.

(Jon C. Maxell)

Uma das habilidades mais requisitadas pelas empresas para o bom desempenho é a boa comunicação entre seus colaboradores. É essencial ressaltar esta importância entre as equipes de trabalho, para que o entendimento seja claro e preciso.

Mesmo o profissional sendo competente em sua área e preparado para todos os tipos de desafios, se não souber se comunicar ou entender o que lhe é solicitado de nada servirá seus conhecimentos.

Pessoal ou profissionalmente se não tivermos um bom relacionamento a produtividade e os resultados não sairão de acordo com o almejado. É preciso que a comunicação entre os envolvidos seja clara e incentive o desempenho e a dedicação de toda a equipe.

Uma comunicação objetiva facilitará o processo de entendimento e fará com que todos sigam o mesmo raciocínio em busca do resultado positivo, que é atingir o seu cliente e torná-lo fiel ao seu produto ou ao seu serviço. Visando aos desafios e à demanda de inovações, o bom entendimento vai ditar o produto.

Para alcançar os objetivos propostos é preciso que colaboradores e gestores estejam engajados e ajustados na mesma sintonia, para que entendam o que deve ser feito. Esse é o diferencial para que a equipe se destaque e não seja vista apenas como um grupo tentando acertar.

Para uma boa comunicação

Partindo do princípio de que a comunicação é o ato de transmitir e de receber informações, pode-se afirmar que a interação entre quem recebe e quem passa a informação é o quesito fundamental dentro de uma organização para alcançar os objetivos.

Desta forma, para uma orientação precisa, ela deve ser transmitida de uma maneira que o colaborador sinta-se conectado com o seu líder, sem medo de expressar suas ideias, estando na mesma frequência do seu interlocutor.

Haja vista que são utilizadas várias formas de comunicação dentro das organizações, pode-se destacar algumas que facilitam a interação entre os envolvidos, como as mensagens via e-mail, ou uso do WhatsApp coorporativo.

WhatsApp corporativo: voltado para as empresas com o objetivo de melhorar a conexão entre funcionários e clientes, otimizando o atendimento resultando em ganho de tempo.

Havendo a necessidade de centralizar informações em setores diversificados, uma planilha compartilhada é uma boa sugestão, na qual todas as atividades estão relacionadas facilitando o acompanhamento das realizações.

A forma utilizada para designar essas tarefas dependerá da confidencialidade do assunto, o importante é que todos fiquem informados de maneira clara e objetiva para que não haja desvio de informações no meio do processo.

Independentemente do tamanho da organização, o *feedback* é uma ferramenta fundamental para obter o retorno de um processo. Ouvir e saber opinar sobre ações realizadas ou que ainda serão realizadas, é muito importante para o sucesso do resultado. O gestor ou o líder que oferece *feedbacks* assertivos e constantes à equipe tem um retorno imediato sobre onde pode melhorar o que está sendo gerido, caso haja algo saindo em desacordo com o planejado.

Feedback: informação que o emissor obtém da reação do receptor à sua mensagem e que serve para avaliar os resultados de transmissão.

Um bom líder precisa estar sempre atento e ser um bom ouvinte, deve criar um contato pessoal em que a confiança estabeleça a relação entre a organização e o seu público, usando palavras que todos entendam, seus argumentos sem excesso de formalidade.

A comunicação direta é sempre muito eficaz ao transmitir uma mensagem. Ser preciso na hora de expor suas orientações é válido para qualquer tipo de comunicação e quando bem planejada facilita o entendimento.

Pode se afirmar que, em ocasiões em que o colaborador interage com o seu interlocutor (participações em palestras, eventos de inauguração, festas ou entrega de premiações), a sua equipe fica mais fortalecida, e além de influenciar, contribui para o desempenho motivacional do seu colaborador.

Como deve ser a comunicação no local de trabalho?

Ao passar uma informação, busque um *feedback* sobre o que o foi passado, pode ser com uma pergunta de fechamento que resuma sua mensagem.

Nem sempre um e-mail é considerado a melhor maneira para se tratar de um assunto. O contato pessoal pode ter mais eficácia no entendimento. Sendo necessário, após a conversa, pode-se documentar o que foi dito anteriormente via e-mail.

No caso de uma apresentação para um grupo, use um editor do tipo *Power Point* e não se limite somente a textos, use imagens que ilustrem suas ideias.

Às vezes, para se destacar em reuniões e outras ocasiões, é fundamental compartilhar uma ideia para todos, de forma clara e objetiva.

Conforme for se identificando com os membros da equipe, compreendendo a forma de pensar de cada colaborador, use um discurso convincente.

Procure ouvir atentamente para entender melhor a opinião do outro. Se discordar do que está sendo exposto, aguarde a pessoa terminar e interaja de maneira elegante, em que a sua sugestão não se sobressaia à opinião apresentada, evitando, assim, um conflito direto.

Enquanto observa o que outro fala, fique atento às suas expressões e aos seus gestos, esta observação ajudará a compreender claramente se a mensagem está sendo bem recebida.

Dessa forma, defina claramente o tempo para expor cada assunto, usualmente reuniões demoradas dispersam a atenção e não levam a nada.

Diante do exposto, pode-se firmar que melhorar a comunicação no ambiente de trabalho é saber se expressar de maneira efetiva, compreendendo e se fazendo compreender. Desenvolvendo essa habilidade, o relacionamento interpessoal será aperfeiçoado e os resultados no trabalho em equipe serão atingidos.

Referências

BRASIL. *Comunicação entre equipes*. Disponível em: <https://ucj.com.br/blog/artigos-recursos-humanos/comunicacao-entre-equipes-de-trabalho>. Acesso em 03 de jun. 2020.

D'ELIA, Bete; ALMEIDA, Walkiria. *O futuro do secretariado: geração XY e Z*. São Paulo: Literare Books International, 2019.

MAXWELL,John.C. *Todos se comunicam, poucos se conectam*. Rio de Janeiro: Vida Melhor, 2015.

Este livro foi composto em Bilo, Adobe Garamond
Pro e Neue Haas Grotesk sobre Pólen Soft 70g pela
Literare Books International Ltda.